KLEEBLATT

Bayern

Das Heimat- und Sachbuch 4

Erarbeitet von

Roland Blaufelder
Gabi Böhm
Lothar Brey
Doris Huber
Rolf Kimberger
Christina Knaup
Ralph Kröner
Alfons Miethaner
Anneliese Pollak
Christa Weinzierl

Beratung

Leonhard Blaum

Schroedel

Inhalt

* Diese Themen können alternativ behandelt werden.

Gefühle mitteilen

Auf den folgenden Bildern kannst du sehen, wie sich Julians Gefühle während der Pause ändern.

1 Betrachtet genau den Gesichtsausdruck und die Körperhaltung von Julian auf den einzelnen Bildern. Wie fühlt er sich?

2 Überlegt, welche Situation zum Verhalten von Julian auf Bild 1 geführt haben könnte.

3 Wie könnte es zur Gefühlsänderung von Julian auf Bild 4 gekommen sein? Spielt eure Ideen vor.

4 Überlegt und berichtet, in welchen Situationen ihr selbst Gefühlsschwankungen und Unsicherheiten erlebt habt.

In jedem Augenblick unseres Lebens bringen wir unsere Gefühle zum Ausdruck. Manchmal teilen wir sie den anderen Menschen in Worten mit, manchmal aber auch nur durch unsere Körpersprache.

Wenn die anderen Menschen genau auf unseren Gesichtsausdruck (Mimik) und auf unsere Körperhaltung (Gestik) achten, können sie wahrnehmen, wie wir uns fühlen.

Übrigens:

Manchmal sagen Menschen mit Worten etwas anderes, als sie wirklich fühlen.
Aber: Gefühle kann man nicht einfach wegreden.

Berichtet über eigene Erfahrungen.

Meinungen und Erwartungen

Eltern und Kinder haben in manchen Situationen unterschiedliche Meinungen und Erwartungen. Im gemeinsamen Gespräch können sie ihre verschiedenen Ansichten oft erklären. Manchmal kommt es aber auch zu Auseinandersetzungen.

1. Besprecht, welche Gefühle die Eltern zum Ausdruck bringen.
2. Überlegt, weshalb es den Eltern wichtig ist, dass ihr Kind pünktlich nach Hause kommt.
3. Welche Gefühle bringt das Kind durch seine Worte und seine Körperhaltung auf den Bildern 1, 2 und 3 zum Ausdruck?
4. Spielt die verschiedenen Möglichkeiten (1–3) für den Gesprächsverlauf durch und setzt sie fort. Wie fühlen sich Eltern und Kind jeweils?

Stellt euch vor:

Pia schaut gerade einen spannenden Film im Fernsehen an. Ihre Mutter kommt ins Zimmer und schaltet zunächst wortlos den Fernseher aus. Dann fordert sie Pia energisch auf, endlich ihre Hausaufgaben zu machen.

Paul hat sich mit seinen Freunden auf dem Spielplatz verabredet. Seine Eltern wollen schnell noch zum Einkaufen fahren. Sie bitten Paul, auf den kleinen Bruder aufzupassen.

1. Überlegt, welche unterschiedlichen Erwartungen die Erwachsenen und die Kinder haben und wie sie sich in der Situation jeweils fühlen.
2. Sucht gemeinsam eine Lösung des jeweiligen Problems und stellt sie im Rollenspiel dar. Versucht dabei eure Worte so zu wählen, dass sie den anderen nicht verletzen.

Sich selbst behaupten und Nein sagen können

Manchmal betrachtet sich Sebastian ganz genau im Spiegel. Er schaut lange in seine Augen, als ob er dadurch mehr über sich erfahren könnte.
Hin und wieder probiert er, seine Frisur mit Gel zu stylen. Das bleibt seinen Eltern und seiner älteren Schwester nicht verborgen. Das seltsame Augenzwinkern des Vaters und vor allem die spöttischen Bemerkungen seiner Schwester verunsichern ihn. Als seine Schwester wieder einmal fragt: „Sag bloß, du findest diese Frisur schön?", antwortet Sebastian nur: „Ja!"

1. Warum bringt Sebastian erst nach einiger Zeit seine eigene Meinung zum Ausdruck? Nennt mögliche Gründe.
2. In welchen Situationen fällt es euch schwer, eure Meinung zu sagen und dazu zu stehen? Berichtet.
3. Spielt die Situationen und bringt dabei eure Meinung freundlich, aber deutlich zum Ausdruck.

Auf dem Nachhauseweg kommen Viertklässler in eine schwierige Situation, als sie auf eine Gruppe älterer Schüler treffen.

1. Welche Meinung hast du zum Rauchen?
2. Überlegt, warum die drei Jugendlichen rauchen.
3. Spielt die Situation und bringt eure Ablehnung höflich, aber bestimmt zum Ausdruck.

Maria hat Kopfschmerzen.

Sie will eine Tablette holen.

Maria geht lieber zu ihrer Mutter und fragt sie um Rat.

1 Besprecht, warum Maria sich doch keine Tablette aus dem Arzneischrank holt.

2 Überlegt, welchen Rat Maria von ihrer Mutter wohl bekommt.

Übrigens:

Zigaretten, Alkohol, Medikamente und Drogen können süchtig machen. Ärzte, Gesundheitsämter und Beratungsstellen informieren und helfen bei Problemen.

Georg genießt es, wenn sein Vater Zeit für ihn hat und sie miteinander schmusen. Dann ist er seinem Vater ganz nah. Er fühlt sich geborgen.
Aus Spaß balgen sie auch manchmal miteinander oder kitzeln sich durch. Sagt einer von beiden „Stopp!", endet das Spiel.

Sofie hat ein Problem.
Sie hat einen Onkel, den sie sehr mag. Er ist immer lustig und versteht viel Spaß. Wenn er zu Besuch kommt, tobt er mit Sofie oder spielt mit ihr Karten. Das findet Sofie toll.
Es gefällt ihr aber gar nicht, dass der Onkel so oft mit ihr schmusen will. Sie hat ihm deshalb gesagt: „Nein! Lass das! Ich will das nicht!" Doch er hat geantwortet: „Wenn du nicht mit mir schmusen willst, dann spiele ich nicht mehr mit dir."

1 Sprecht über die Geschichten und bringt eure Meinung dabei klar zum Ausdruck.

2 Überlegt verschiedene Möglichkeiten, wie Sofie ihr Problem lösen könnte.

3 Stellt eure Lösungen im Rollenspiel dar. Achtet darauf, dass Sofies Meinung ganz deutlich zum Ausdruck kommt.

Rollenerwartungen an Mädchen und Buben

An Mädchen und Buben werden von Verwandten, Freunden und Bekannten viele Erwartungen gestellt. Manchmal sind diese Erwartungen ähnlich, manchmal unterscheiden sie sich.

1 Denkt über die Erwartungen der einzelnen Personen nach und äußert eure Meinung dazu.

2 Was erwartet ihr von Mädchen und Buben? Schreibt eure Erwartungen auf und diskutiert sie dann in der Klasse.

In einer vierten Klasse haben die Kinder ihre Gedanken aufgeschrieben, wie sie sich selbst ihr weiteres Leben als Mädchen oder Junge und später als Frau oder Mann vorstellen.

Am liebsten möchte ich Polizist werden. Aber mein Papa sagt: Du bist unser einziger Sohn. Wenn du groß bist, wirst du einmal Chef unserer Autowerkstatt.

Michael

Rolle: Wie andere Menschen mit uns umgehen, ist abhängig von unserer Beziehung mit ihnen. Als Mädchen oder Junge kannst du z. B. Kind, Enkelkind, Schwester oder Bruder, Freund oder Freundin, Schüler oder Schülerin sein.

Ich lerne gerne und habe gute Noten. Nach der vierten Klasse möchte ich auf das gleiche Gymnasium gehen wie mein Bruder. Meine Eltern finden das toll.

Hanna

Meine Eltern wollen bald in unsere Heimat zurück. In Anatolien muss ich dann, wie alle anderen Frauen auch, ein Kopftuch tragen. Auch dort werde ich meiner Mutter im Haushalt helfen und auf meine kleinen Brüder aufpassen. Obwohl meine Brüder jünger sind als ich, gilt ihr Wort in der Familie mehr als mein eigenes Wort. Mein Vater aber ist die Autorität in der Familie. Er bestimmt, was zu tun ist. So sucht er auch den Mann aus, den ich einmal in Anatolien heiraten werde.
Hoffentlich ist das noch nicht so bald!

Mürvet

3 Vergleicht Michaels und Hannas Erwartungen und auch die Meinungen ihrer Eltern.

4 Mürvet weiß schon als Viertklässlerin recht genau, was sie als Mädchen in Anatolien zu erwarten hat. Was meint ihr dazu?

5 Welche Erwartungen hast du für deine Zukunft?

Nicht nur heute haben Mädchen und Jungen bestimmte Erwartungen für ihr zukünftiges Leben als Frau oder Mann. Hannas Uroma erzählt ihrer Enkelin von früher.

In der Volksschule war ich immer die Klassenbeste. Trotzdem überlegten es sich meine Eltern sehr lange, bis sie mir erlaubten, ins Gymnasium zu gehen. Damals besuchten aus unserem kleinen Ort nämlich nur zwei Buben wohlhabender Eltern die höhere Schule. Ich war das erste Mädchen in unserem Dorf, das auch ins Gymnasium gehen durfte. Meine Tante und unsere Nachbarn fanden das damals nicht richtig. Sie waren der Meinung, dass ein Mädchen lieber lernen sollte, wie man kocht, wäscht und putzt, um später eine gute Hausfrau zu sein. Gott sei Dank waren meine Eltern anderer Meinung!

6 Warum war es nicht selbstverständlich, dass Hannas Uroma eine höhere Schule besuchen durfte?

7 Fragt eure Großeltern, welche Erwartungen früher an Mädchen und Jungen gestellt wurden, und berichtet davon.

Abschied von der Grundschule

Die Lehrerin hat im Unterricht mit der Klasse überlegt, wie es nach der Grundschulzeit weitergehen kann. Die Kinder haben ältere Geschwister oder Freunde befragt. Alle haben mit ihren Eltern über ihre weitere Schullaufbahn gesprochen.

1 Lest die Aussagen der Kinder. Was beschäftigt sie beim Schulwechsel?

2 Diskutiert das Thema in eurer Klasse.

3 Schreibt auf, was ihr zum Thema Schulwechsel wissen wollt.

Erinnerungsbuch

Bald beginnt ein neuer Lebensabschnitt für euch. Viele von euch werden an eine neue Schule gehen. Eure Klassengemeinschaft wird sich verändern. Neue Aufgaben werden auf euch zukommen. Erlebnisse eurer Grundschulzeit könnt ihr in einem Erinnerungsbuch festhalten. Schreibt die schönsten Geschichten auf. Berichtet über Ausflüge, Wandertage, Projekte oder den Aufenthalt im Schullandheim. Stellt eine Liste auf mit Namen, Adressen und Telefonnummern. Haltet auf Zeichnungen lustige Erlebnisse und wichtige Tage fest. Klebt Fotos ein, vor allen Dingen ein Klassenfoto aus der vierten Klasse. Kopiert die Seiten für alle und stellt für jeden ein Buch her.

Ich stelle mir vor...

Vielleicht habt ihr schon eine Vorstellung von eurer Zukunft. Sicher habt ihr schon einmal davon geträumt, was ihr werden könntet, wie euer Leben in der Zukunft aussehen könnte.

1 Schreibt oder zeichnet auf, was euer Traumberuf ist, wie euer Leben mit 30 Jahren aussehen könnte. Vielleicht werdet ihr bis dahin eine eigene Familie haben, ein eigenes Auto fahren. Ihr könnt auch Bilder aus Zeitschriften ausschneiden und Collagen machen, ein Zukunftsmärchen schreiben oder einen Zukunfts-Comic zeichnen.

Fähigkeiten und Fertigkeiten

Für jeden Menschen ist es wichtig zu wissen, welche Interessen, Fähigkeiten und Eigenschaften er hat. Nur so kann er sich selbst einschätzen und seine Stärken und Schwächen erkennen. Dies ist besonders wichtig, wenn man Entscheidungen für die Zukunft trifft: Welche Schule ist die richtige für mich? Welchen Beruf soll ich erlernen?

1 Besprecht, was Maria über sich geschrieben und gezeichnet hat.

2 Gestalte dein eigenes „Das bin ich-Blatt“.

Sich auf nicht Planbares einstellen

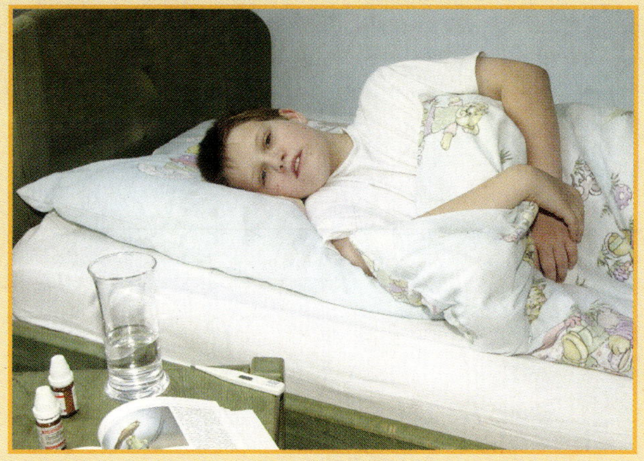

Bernhard: „Das ist wirklich ärgerlich: Ausgerechnet jetzt muss ich Windpocken bekommen! Nun kann ich nicht mit ins Schullandheim fahren. Ich hatte mich doch schon so darauf gefreut. Jetzt muss ich zu Hause bleiben."

Kathrin: „Weil mein Vater eine neue Arbeitsstelle annehmen wird, müssen wir umziehen. Ich weiß gar nicht, wie es in dem neuen Ort aussieht und ob ich schnell neue Freunde finden werde. Außerdem hat es mir in meiner Klasse und bei meiner Lehrerin so gut gefallen. Ich möchte gar nicht weg von hier."

Stefan: „Ausgerechnet bei diesem entscheidenden Spiel hat der Trainer mich nicht aufgestellt! Dabei habe ich in der letzten Woche ganz fleißig trainiert. Jakob, der jetzt für mich spielt, ist kein so guter Torschütze wie ich. Alle meine Freunde schauen zu – und nun das!"

„Mein Name ist Lukas Schmidt. Ich bin 38 Jahre alt und arbeite als Tierpfleger im Zoo. Ich war nicht immer Tierpfleger. Nach der Hauptschule habe ich zuerst eine Lehre als Schweißer gemacht und zwei Jahre in diesem Beruf gearbeitet. Dann habe ich gemerkt, dass mir dieser Beruf nicht liegt. Mit Tieren konnte ich schon immer gut umgehen. Ich hatte Glück, dass eine Lehrstelle für Tierpfleger angeboten wurde. Nach drei Jahren war meine Ausbildung abgeschlossen."

1 Besprecht miteinander, was Stefan, Kathrin und Bernhard erzählen. Kannst du dich in ihre Situation hineindenken?
Hast du so etwas Ähnliches auch schon einmal erlebt? Wie hast du reagiert?

2 Das Beispiel von Herrn Schmidt zeigt, dass auch für Erwachsene nicht immer alles so verläuft, wie sie es geplant haben. Wichtig ist, dass man lernt, Enttäuschungen zu verkraften und sich auf neue Situationen einzustellen. Wenn du jemanden kennst, der den Beruf gewechselt hat, frage nach seinen Beweggründen.

Meinungsverschiedenheiten

Nach dem Mittagessen im Schullandheim haben es alle eilig, wieder ins Freie zu kommen. Nur Teresa und Ludwig bleiben zurück. Sie haben heute Küchendienst.

Verärgert über die Unordnung, die die anderen hinterlassen haben, holen sie die Kinder wieder herein und wollen die Angelegenheit mit ihnen besprechen.

1. Lest die Äußerungen der Kinder durch und besprecht sie.
2. Spielt dieses Gespräch mit verteilten Rollen.
3. Stellt euch die Situation in eurer Klasse vor. Wie würdet ihr argumentieren?
4. Wie findet ihr Annes Meinung?

1. Was sagt ihr zu diesen Vorschlägen?
2. Fallen euch noch andere Lösungsvorschläge ein? Besprecht sie in eurer Klasse.
3. Welche Lösung haltet ihr für die beste?
4. Überlegt, in welchen anderen Situationen es leicht zu Meinungsverschiedenheiten kommt.

Aktuelle Trends erkennen, ordnen und vergleichen

Der Sänger auf dem Werbeplakat ist überall bekannt und hat viele Fans. Er trägt eine sehr eigenwillige Mütze. Dadurch will er sich deutlich von anderen Musikern unterscheiden. Auch zahlreiche seiner Fans tragen mittlerweile solche Mützen. Sie zeigen damit, dass sie Anhänger dieses Musikers sind.

Wenn viele Menschen sich eine Zeit lang auf eine bestimmte Weise verhalten, so nennt man das einen Trend.
Trends ändern sich oft sehr rasch.

1 Welche Trends sind bei euch gerade „in“? Schreibt sie auf und versucht sie zu erklären.

Übrigens:

Nicht nur bei der Kleidung gibt es Trends. Auch Tätigkeiten, Verhaltensweisen, Wörter und Sprüche können besonders „in“ sein.

Hier hat sich zum Beispiel eine besondere Form der Begrüßung zu einem Trend entwickelt.
Wie begrüßt ihr euch?

Sammeln – ein Trend wird gemacht

Ein Verlag hat zu der Jugendbuchserie „Mary Spodder" ein Sammelalbum für Kinder herausgebracht. Die Bilder kann man in Wundertüten in vielen Geschäften kaufen. Das leere Album kostet 4,80 Euro. Für ein Päckchen mit fünf Sammelbildern muss man einen Euro bezahlen. Dabei erhält man viele Bilder doppelt oder mehrfach. Diese tauschen die Kinder untereinander, um möglichst viele unterschiedliche Bilder zu erhalten. Die letzten zwanzig fehlenden Bilder kann man sich zum Preis von 50 Cent je Bild direkt vom Verlag schicken lassen. Christoph und Lisa haben schon viele unterschiedliche Bilder gesammelt. Ihnen bereitet das Sammeln und Tauschen Freude. Christoph und Lisa macht es nichts aus, dass sie dafür einen Großteil ihres Taschengeldes ausgeben müssen. Jedes Mal, wenn sie sich ein Päckchen kaufen, sind sie schon ganz neugierig, welche neuen Bilder sich wohl dieses Mal darin befinden.

Patrick und Sofie wollen kein Geld für solche Sammelbilder ausgeben. Es stört sie, dass sie dabei so viele Bilder gleich doppelt oder mehrfach erhalten, weil sie diese ja auch mitbezahlen müssen. Das finden sie einfach zu teuer. Außerdem sind sie der Meinung: „Man muss ja nicht überall mitmachen. Unser Geld verwenden wir für sinnvollere Dinge."

Nicht alle Trends sind unbedenklich. Manche Trends können der Gesundheit oder der Umwelt schaden. Andere sind sehr teuer und führen so zu Problemen.

1 Welche Dinge werden bei euch gerade gesammelt?

2 Überlegt, welche Trends zu Problemen führen oder sogar gefährlich sind.

Statussymbole im Wandel der Zeit

Brauereibesitzer Alois Wimmer hatte mit seiner Firma viel Geld verdient. Er war einer der wohlhabendsten Bürger. Deshalb konnte er sich auch das erste Auto in der Stadt leisten. Er war ganz stolz darauf und nutzte jede Gelgenheit, den Mitbürgern seinen Wohlstand und sein fortschrittliches Denken zu zeigen. Doch schon bald taten es ihm andere reiche Bürger gleich. Auch sie wollten das neue Fortbewegungsmittel nutzen und zeigen, dass sie sich ein Auto leisten konnten.

Früher war es nur wenigen wohlhabenden Bürgern möglich, ein Auto zu kaufen. Das Auto war somit auch ein Statussymbol für reiche Leute. Sie zeigten damit ganz offen, dass sie sich bestimmte Dinge leisten konnten, für die die meisten nicht genug Geld hatten.

Auch heute noch gibt es Statussymbole: teure Autos, Schmuck, prunkvolle Villen, aber auch kostspielige Kleidung oder Spielzeug.
Mit Statussymbolen wollen Menschen zeigen, dass sie zu einer bestimmten Gruppe gehören.

1 Welche weiteren Statussymbole kennt ihr? Zählt auf.

Übrigens:

Kleidung kann auch ein Symbol dafür sein, dass man eine bestimmte Aufgabe zu verrichten hat. Die Robe eines Richters, der weiße Kittel eines Arztes oder die Uniform eines Polizisten zeigen schon äußerlich, dass die Person, die diese Kleidung trägt, zu einer bestimmten Gruppe von Menschen gehört mit besonderen Aufgaben oder Befugnissen. Statussymbole verleihen dem Träger manchmal auch Macht und Ansehen.

2 Nenne weitere Berufsgruppen, die man an ihrer Kleidung erkennt.

Solche prunkvolle Kleidung trugen Adelige an den Höfen der Fürsten. Diese Kleidungsstücke waren sehr teuer und nur wenigen Personengruppen vorbehalten. So konnte man an der Kleidung erkennen, ob jemand z. B. zu den Handwerkern, Kaufleuten oder zu den Bauern gehörte.

1 Informiert euch, welche Tracht in eurer Gegend getragen wird.

2 Wodurch unterscheidet sich eine echte Tracht von der Trachtenmode?

In Bayern waren Trachten weit verbreitet. Fast jedes Gebiet hatte seine eigene Tracht. Zu einer richtigen Tracht gehören immer auch ein Hut, Schuhe und oft einige Kleinigkeiten, wie Tuch oder Schariwari. Es gab eine einfache Alltagstracht und eine besonders aufwändige Festtagstracht.
Auch mit der Tracht wurde demonstriert, welcher Schicht man angehörte, ob man verheiratet war oder nicht, ob man Bauer oder Knecht war.

3 Vermutet, welche Gründe es gegeben haben mag, sich in der Barockzeit mit einer Perücke und solchen Gewändern zu kleiden.

Nicht nur Erwachsene verfügen über Statussymbole. Auch Kinder nutzen sie.
Franz prahlt mit dem neuesten Handy, Veronika trägt eine ganz moderne Marken-Jeans und Ylmaz zeigt stolz sein neues Fahrrad.
Jeder will den anderen zeigen: Ich weiß, was gerade Mode ist. Ich kann mit euch mithalten.

1 Welche Statussymbole sind bei euch in der Klasse in Mode? Diskutiert über Sinn und Zweck solcher Statussymbole.

Die Aufgaben der Gemeinden und Städte

Die Schüler der Klasse 4a haben schon längere Zeit Informationen zur Gemeinde gesammelt. Amtliche Bekanntmachungen werden im Mitteilungsblatt veröffentlicht. Informationen über Vereine, Behörden, Gemeindedaten oder Geschichtliches findet man im Internet oder im Bürgerbuch. Zusammen mit ihrer Lehrerin macht die Klasse einen Unterrichtsgang in das Rathaus. Für das Interview mit dem Bürgermeister haben sie viele Fragen vorbereitet.

Bürgermeister Schmidt erklärt: „Der Gemeinderat verwaltet die Gemeinde und vertritt die Interessen der Bürger. In unserer Gemeinde gehören dem Gemeinderat der Erste Bürgermeister und 20 Gemeinderatsmitglieder an. Die Zahl der Gemeinderäte ist von der Einwohnerzahl abhängig. In München zum Beispiel gibt es 80 Stadträte.
Unsere Gemeinde beschäftigt 19 Beamte und Angestellte in der Verwaltung. Daneben gibt es noch Reinigungskräfte, zwei Hausmeister für die Schulen und die Arbeiter der Gemeindewerke, die vor allem für die Wasserversorgung und Abwasserentsorgung zuständig sind.
Um alle Aufgaben erfüllen zu können, braucht die Gemeinde Geld. Das bekommt sie durch Steuern und Gebühren."

1 Sammelt Informationen über eure Gemeinde.

2 Welche Ämter gibt es in eurer Gemeinde?

3 Wie viele Gemeinderäte gibt es bei euch?

4 Fragt eure Eltern, welche Steuern und Gebühren sie an die Gemeinde zahlen müssen.

Im Interview hat Bürgermeister Schmidt viele Aufgaben der Gemeinden und Städte aufgezählt.

5 Erläutert, für welche Aufgaben die Gemeinde zuständig ist.

6 Welche dieser Einrichtungen gibt es in eurer Gemeinde?

7 Stellt ein Schaubild her über die öffentlichen Einrichtungen eurer Gemeinde oder eures Stadtteils.

Besuch bei der Gemeinde

Ein Unterrichtsgang zum Rathaus muss gut vorbereitet sein.

1. Vereinbart mit der Bürgermeisterin/dem Bürgermeister einen Termin für den Besuch.
2. Sucht das Rathaus auf dem Ortsplan und legt den Weg vom Schulhaus zum Rathaus fest.
3. Was interessiert euch an der Gemeinde? Sammelt Fragen.
4. Nehmt die Fragen und Antworten mit einem Kassettenrekorder auf oder notiert sie.
5. Fotografiert verschiedene Arbeitsbereiche im Rathaus.
6. Gestaltet mit euren Ergebnissen eine Wandzeitung.

Ein Wegweiser durch das Rathaus

Erdgeschoss:
Zi. 01: Kämmerei
02: Steuern, Beiträge, Gebühren
03: Personalverwaltung
04: Kasse
05: Sicherheit und Ordnung, Straßenverkehr
06: Einwohnermeldeamt
07: Soziales
08: Marketing und Tourismus
09: Veranstaltungen, Jugend und Sport
10: Kulturamt

1. Obergeschoss
Zi. 11: Trauungsraum
12: Sitzungssaal
13: Besprechungszimmer

2. Obergeschoss
Zi. 21: Bürgermeister(in)
22: Sekretariat Bürgermeister(in)
23: Hauptverwaltung
24: Standesamt
25: Gemeindeplanung und Hochbau
26: Baurecht und Umwelt
27: Tiefbau und Entwässerung
28: Grundstücks- und Gebäudebewirtschaftung

- Grund- und Gewerbesteuer
- Hundesteuer
- Abwassergebühren

- Feuerwehrwesen
- Örtliche Straßenverkehrsbehörde

- Sozialhilfe und Wohngeld
- Schwerbehindertenangelegenheiten
- Obdachlosenfürsorge

- Förderung des Fremdenverkehrs
- Förderung von Kunst und Kultur
- Städtepartnerschaft

- Beurkunden von Geburten, Eheschließungen und Sterbefällen
- Friedhofsverwaltung

- Kanalbau und Kläranlagen
- Straßenbau und -unterhaltung
- Abfallverwertung

- Finanzplanung der Gemeinde
- Vermögens- und Schuldenverwaltung der Gemeinde

- Löhne und Gehälter der Gemeindebediensteten

- Pässe und Ausweise
- Vorbereitung und Durchführung von Wahlen
- Fundsachen

- Verwaltung der Sporthallen
- Förderung der Jugendarbeit und Betrieb des Jugendzentrums

- Öffentlichkeitsarbeit
- Schulen und Kindergärten

- Städtebauliche Planung
- Umweltschutz

- Verwaltung und Betrieb der Grundstücke und der Gebäude der Gemeinde
- Forstbetrieb

Übrigens:

Je größer eine Gemeinde ist, desto mehr Ämter und Büros gibt es. In großen Städten kann es mehrere Bürgermeister und Rathäuser geben.

1 Wo bekommen die Bürger Informationen und Hilfe? Findet für die Beispiele A bis G die richtigen Stellen bzw. Zimmer:

A Wir wollen heiraten.
B Oma muss die Hundesteuer bezahlen.
C Ulrike hat den Schlüssel verloren.
D Ich bin umgezogen.
E Frau Köhler hat ein Baby bekommen.
F Opa benötigt einen neuen Schwerbehindertenausweis.
G Familie Breu möchte ein Wohnhaus bauen.

2 Informiert euch, welche Ämter es in eurer Gemeindeverwaltung gibt.

Besuch im Gemeinderat

Die Klasse 4a besucht eine Sitzung des Gemeinderats. Vor der Sitzung erklärt eine Gemeinderätin, wie die Bürgermeisterin oder der Bürgermeister und der Gemeinderat gewählt werden:

„Ich bin Gemeinderätin. Alle sechs Jahre wählen die Bürger der Gemeinde ihre Vertreter und die Bürgermeisterin oder den Bürgermeister. Jeder Wahlberechtigte in der Gemeinde kann sich einer Gruppe oder Partei anschließen und sich für die Wahl zum Gemeinderat aufstellen lassen. Bei der Wahl kreuzen die Bürger auf einem Stimmzettel die Namen derjenigen an, die sie wählen wollen. Die Stimmzettel werden ausgezählt. Die gewählten Gemeinderäte und die Bürgermeisterin oder der Bürgermeister werden dann vereidigt. Der Bürgermeister leitet den Gemeinderat. Der Gemeinderat stellt Anträge, berät über sie, stimmt ab oder beschließt."

Wie werden die Bürgermeisterin/der Bürgermeister und der Gemeinderat gewählt?

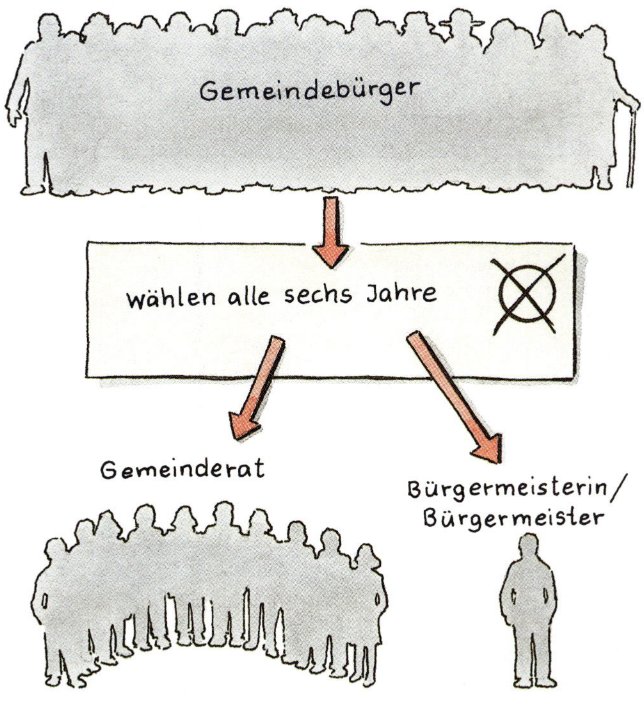

3 Erkläre, wie Bürgermeisterin/Bürgermeister und Gemeinderat gewählt werden.

4 Wie viele Gemeinderäte gibt es in deiner Gemeinde/Stadträte in deiner Stadt?

Meinungen bilden, Entscheidungen treffen

Die Gemeinden haben vielfältige Aufgaben und es müssen Entscheidungen getroffen werden. Viele werden vom Gemeinderat oder Stadtrat beschlossen.
Bevor der Gemeinde- oder Stadtrat etwas beschließen kann, sind viele Arbeitsschritte nötig: Alle Gemeinde- oder Stadträte werden schriftlich über die Vorhaben informiert, damit sie sich eine Meinung bilden können. Die Bürgermeisterin/der Bürgermeister eröffnet die Sitzung und gibt die Tagesordnung mit den Themen bekannt. Alle Themen werden ausführlich diskutiert. Bei schwierigen Angelegenheiten, etwa der Aufstellung eines neuen Bebauungsplanes, wird ein Experte, z. B. ein Architekt, hinzugezogen. Dieser stellt einen Bebauungsplan vor und erläutert ihn.

In der Bürgerversammlung werden die Bürger der Gemeinde über größere Projekte informiert. Die Bürgermeisterin/der Bürgermeister stellt das Thema vor und erläutert das geplante Vorgehen. Anschließend können die Bürger ihre Meinung zu dem jeweiligen Projekt äußern. Später wird dann im Gemeinderat oder Stadtrat über das Vorhaben abgestimmt. Die einfache Mehrheit entscheidet, ob es abgelehnt oder angenommen wird. Bei Stimmengleichheit ist das Vorhaben abgelehnt. Die Mehrzahl der Gemeinderatssitzungen ist öffentlich und jeder Bürger kann zuhören.

Durch Gespräche mit den Gemeinde- oder Stadträten haben die Bürger die Möglichkeit, an der Gemeindepolitik teilzunehmen. Sie tragen damit zur Meinungsbildung bei. Die Gemeinde- oder Stadträte vertreten die Meinung ihrer Wähler zum Wohle der Gemeinde.
Sind die Bürger mit der Gemeindepolitik zufrieden, bestätigen sie durch eine Wiederwahl ihre Gemeinde- und Stadträte. Gab es Entscheidungen, die die Mehrheit der Bevölkerung ablehnte, können die Bürger andere Gemeinderäte ihres Vertrauens wählen.

1 Erkläre, wie sich Gemeinde- oder Stadträte informieren, um sich eine Meinung zu bilden und Entscheidungen zu treffen.

2 Welche Möglichkeiten haben die Bürger, auf die Meinungsbildung im Gemeinderat Einfluss zu nehmen?

Bürgerbegehren und Bürgerentscheid

Der Gemeinderat hat beschlossen, eine Windkraftanlage zu genehmigen. Durch den Bau der Anlage wird aber ein Feuchtbiotop zerstört.
Deshalb wollen Bürger den Bau verhindern. Sie stellen einen Antrag an den Gemeinderat, dass alle Bürger über das Vorhaben abstimmen. Diesen Antrag nennt man Bürgerbegehren.
Weil sich genügend Bürger dem Begehren anschließen, werden nun alle wahlberechtigten Bürger der Gemeinde aufgefordert, für oder gegen die Windkraftanlage zu stimmen.
Die meisten Bürger stimmen gegen die Windkraftanlage. Diese Abstimmung und das Ergebnis werden Bürgerentscheid genannt. Der Gemeinderat ist überstimmt worden und die Anlage wird nicht gebaut.
Hätte die Mehrheit der Bürger für die Anlage gestimmt, wäre sie gebaut worden.
Es kommt aber nicht bei allen Streitfällen zwischen dem Gemeinderat und den Bürgern nach dem Bürgerbegehren auch zum Bürgerentscheid. Wenn der Gemeinderat auf das Begehren eingeht und es umsetzt, entfällt der Bürgerentscheid.

1 Erkundige dich, ob es in deiner Gemeinde schon einmal einen Bürgerentscheid gab.

2 Nenne weitere Möglichkeiten, in der Gemeinde mitzuarbeiten. Befrage dazu deine Eltern.

Demokratische Entscheidungen akzeptieren

Natürlich kann es passieren, dass man mit seinem Antrag im Gemeinderat oder mit seinem Bürgerentscheid keinen Erfolg hat, weil die dafür erforderliche Mehrheit nicht zustande kommt. Diese demokratischen Entscheidungen müssen akzeptiert werden, auch wenn es den Beteiligten nicht immer leicht fällt.

Kulturen treffen aufeinander

Ahmet: „Ich bin in Deutschland geboren und meine Eltern leben schon lange hier. Ich habe viele deutsche Freunde. Meine Familie trifft sich aber auch oft mit türkischen Landsleuten. Gemeinsam gehen wir zum Beten in die Moschee oder feiern unsere muslimischen Feste. In den Sommerferien besuche ich meine Großeltern in der Türkei."

Scovia: „Vor zwei Jahren bin ich mit meiner Familie aus Angola nach Deutschland gekommen. Weil es in meiner Heimat schon seit vielen Jahren Krieg gibt, mussten wir fliehen. In Deutschland sind wir gut aufgenommen worden. Meine Mitschüler hören interessiert zu, wenn ich vom Leben in unserem Heimatdorf erzähle. Obwohl es uns in Deutschland gut geht, hoffen wir, dass es zu Hause endlich Frieden gibt und dass wir wieder nach Angola zurückkehren können."

Vitalij: „Obwohl ich ein deutscher Junge bin, habe ich viele Jahre in Russland gelebt. Meine Vorfahren sind vor langer Zeit von Deutschland nach Russland ausgewandert. Dort war es nach dem Zweiten Weltkrieg viele Jahre verboten, Deutsch zu sprechen. Deshalb muss ich die deutsche Sprache neu lernen."

Birgit: „In unserer Klasse gibt es viele Kinder aus anderen Ländern. Letztes Jahr haben wir ein internationales Fest gefeiert. Ahmet hat für uns türkisches Essen mitgebracht, Scovia hat uns einen afrikanischen Tanz gezeigt und Vitalijs Mutter erzählte uns ein russisches Märchen. Ich finde es interessant, so viele verschiedene Kulturen kennen zu lernen."

Wo Menschen zusammen leben, entstehen viele Gemeinsamkeiten: Die Bewohner einer Region oder eines Landes sprechen beispielsweise die gleiche Sprache, tragen eine ähnliche Kleidung, pflegen gemeinsame Bräuche. Im Laufe der Zeit entwickeln sich auch eine eigene Musik, Literatur und Kunst. Dies alles wird zusammengefasst mit dem Begriff Kultur. So entwickeln sich überall auf der Welt verschiedene Lebensweisen und Kulturen. Manches wird von einer Generation an die nächste weitergegeben, anderes verändert sich oder gerät in Vergessenheit.
Heute haben wir viele Möglichkeiten, unterschiedliche Kulturen kennen zu lernen: über Zeitungen und Bücher, das Fernsehen oder Reisen in fremde Länder. Auch im Alltag treffen wir auf viele Kulturen: Menschen aus aller Welt bringen ihre Kultur mit zu uns und pflegen sie weiter.

1 Gibt es Kinder aus verschiedenen Kulturen in eurer Klasse? Wodurch unterscheiden sie sich?

2 Wo kannst du Menschen aus anderen Kulturen begegnen?

Kulturen vermischen sich

Früher war das Angebot an Lebensmitteln in Deutschland viel geringer als heute. Viele Früchte gehören heute zum normalen Warenangebot, obwohl sie von weit herkommen. Viele Speisen haben Zutaten, die aus dem Ausland zu uns transportiert werden müssen.
Schon der Name „Halloween“ zeigt, dass dieses Fest nicht aus Deutschland kommt. Dieser Brauch stammt ursprünglich aus Irland, wo man sich verkleidete, um böse Geister zu vertreiben. Irische Auswanderer brachten das Halloweenfest nach Amerika. Von dort breitete es sich weiter aus.
Heute ziehen Kinder in vielen Ländern mit ihren Kürbislaternen von Haus zu Haus und feiern Halloween.
Vor etwa 50 Jahren entstanden in Deutschland Pizzerien. Urlauber hatten Pizza in Italien kennen und schätzen gelernt. Bald boten italienische Gastarbeiter Pizza bei uns an. Heute denken wir gar nicht mehr darüber nach, dass die Pizza ursprünglich aus einem anderen Land stammt. Wir haben ein Stück italienische Kultur übernommen. Auch türkisches oder chinesisches Essen wird in vielen Restaurants angeboten.

1 Findet heraus, aus welchen Ländern die oben abgebildeten Lebensmittel kommen.

2 Aus welchem Land kommt dein Lieblingsgericht? Woher stammen die Zutaten?

3 Welche Bräuche gibt es in deinem Heimatort? Erkundige dich, woher sie kommen.

Übrigens:

Deutsche Schokolade?
Um Trauben-Nuss-Schokolade herzustellen, müssen Waren über weite Strecken transportiert werden. Der Kakao kommt meist aus Afrika, denn nur hier haben die Kakaobäume das geeignete Klima. Auch Rosinen werden aus südlichen Ländern eingeführt. Haselnüsse wachsen zwar auch bei uns, aber in der Türkei ist der Anbau preisgünstiger. Nur Milchpulver und Zucker stammen aus Deutschland, wo dann auch die Tafel Schokolade hergestellt wird.

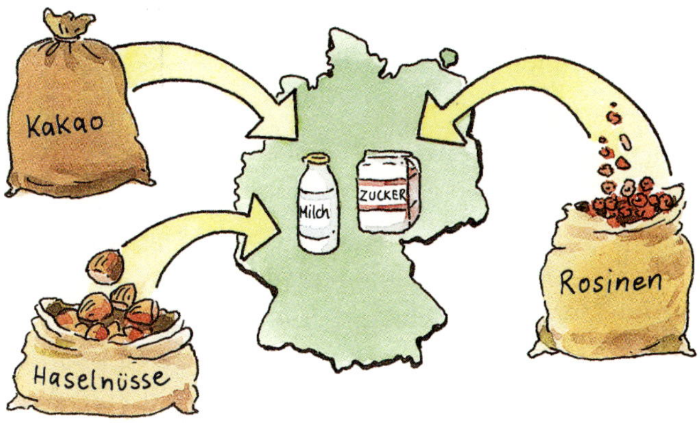

Nasima, ein Mädchen in Indien

Das ist Juhapura, das Elendsviertel am Rande von Ahmadabad, einer Großstadt in Indien. Hier wohnen etwa 16000 Menschen in Hütten aus Stangen, mit Wellblech bedeckt. Es gibt weder elektrisches Licht noch fließendes Wasser. Einige Frauen und Männer finden Arbeit in der nahe gelegenen Textilfabrik. Ihre Familien gehören dann schon zu den Besserverdienenden.

In diesem Haus wohnt Nasima mit ihren Eltern und Geschwistern. Nasima ist zwölf Jahre alt. Ihr Vater ist Rikscha-Fahrer. Jeden Tag muss er länger als zwölf Stunden fahren. Weil der Verdienst des Vaters nicht reicht, geht auch die Mutter arbeiten.

Nasima und ihre Familie sind Hindus. Sie besuchen oft die Tempel und beten zu verschiedenen Göttern.

Jeden Tag um sechs Uhr stehen Nasima und ihre Mutter auf. Gemeinsam bereiten sie das Frühstück. Wenn die Mutter zur Arbeit geht, trägt Nasima allein die Verantwortung für die Hausarbeit. Für Schule und Spielen bleibt wenig Zeit.

Nachdem Nasima Holz für den Ofen zerkleinert hat, bereitet sie „Chapatis“ zu. Das sind dünne Fladenbrote, die jeden Tag frisch gebacken werden müssen.

Wenn die Mutter wieder zu Hause ist, setzen sich die Geschwister gemeinsam auf eine Pritsche. Dort reinigen sie die Getreidekörner, aus denen die Chapatis hergestellt werden.

Übrigens:

Über Hilfsorganisationen und deren Angebote im Internet könnt ihr mit indischen Schulen in Kontakt treten.

Rezept für acht Chapatis

Ihr braucht: zwei Tassen Weizenmehl, zwei Tassen Vollkornmehl, einen Teelöffel Salz und eine halbe Tasse Butter.

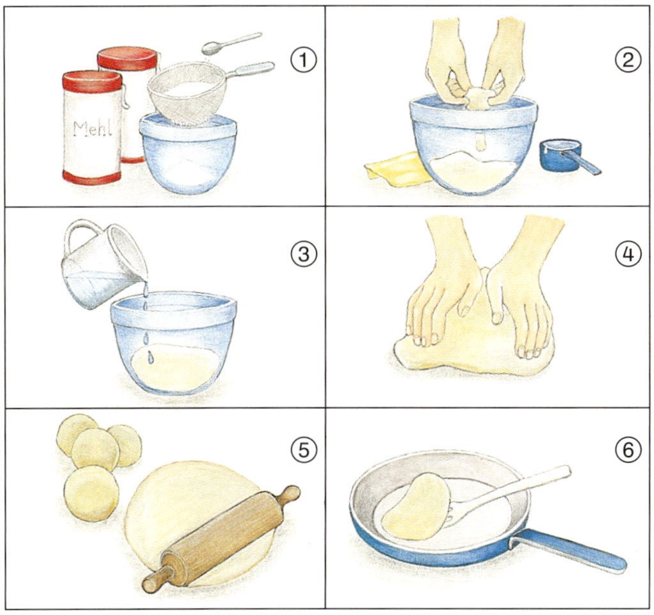

Zwischen zwei Chapatis könnt ihr Gemüse oder Salatblätter legen.

1. Das Weizenmehl und das Vollkornmehl zusammen mit dem Salz in eine Schüssel sieben.
2. Die Butter schmelzen, zum Mehl geben und alles 10 Minuten zwischen den Fingern reiben.
3. Dann nach und nach so viel kaltes Wasser zugeben, dass ein weicher, gut formbarer Teig entsteht. Nun mit einem feuchten Tuch zudecken und eine Stunde ruhen lassen.
4. Anschließend den Teig noch einmal gut durchkneten und Bällchen daraus formen (so groß wie ein Tischtennisball).
5. Ein Brett mit Mehl bestreuen und den Teig nun mit wenig Druck ausrollen (etwa so dünn wie ein 2-Euro-Stück).
6. Dann ein Stück nach dem anderen in einer trockenen Pfanne rösten und dabei alle 2 bis 3 Minuten wenden. Nach 6 bis 8 Minuten ist ein Chapati fertig.

Unterschiedliche Lebensweisen achten

Murat ist ein türkischer Junge. Er lebt mit seiner Familie in Deutschland. Murat berichtet: „Die Osterferien verbrachte ich bei meinem Freund Peter. Dort erlebte ich mein erstes Osterfest. Peters Eltern gingen um 5 Uhr früh in die Kirche, um die Osternacht zu feiern. Später am Morgen weckten sie uns mit den Worten: „Der Osterhase war da und hat Ostereier versteckt!" Peter sprang gleich aus seinem Bett und zog mich hinaus in den Garten. Dort suchten wir nach Ostereiern. Zuerst kam ich mir etwas komisch vor, doch auf einmal entdeckte ich unter einem Busch einen Korb mit vielen Leckereien. Das Ostereiersuchen hat mir dann doch richtig Spaß gemacht."

Sabine war am letzten Freitag bei ihrer türkischen Freundin Ayla zum Zuckerfest eingeladen. Sie erzählt: „Aylas Familie hat lange gefastet. In ihrer Religion ist es nämlich üblich, 30 Tage lang nur am Morgen und am Abend zu essen und zu trinken. Das stelle ich mir ganz schön schwierig vor. Aber diese Zeit ist für Ayla jetzt vorbei. Aus Freude darüber wird drei Tage lang gefeiert. Die türkischen Frauen kochen leckere Spezialitäten und die Familien laden viele Gäste ein. Mit Ayla und ihren Geschwistern haben wir noch andere türkische Familien besucht. Überall, wo wir klingelten, bekamen wir eine Menge Süßigkeiten."

1 Spielt ein Gespräch zwischen Murat und Sabine. Jeder berichtet über das Fest, das er kennen gelernt hat.

2 Informiert euch über Feste aus anderen Ländern und Religionen!

In allen Kulturen haben sich Lebensgewohnheiten und Bräuche entwickelt. Die Menschen möchten sie weiter pflegen, auch wenn sie nicht mehr in ihrer Heimat leben. Damit zeigen sie die Verbundenheit mit ihrem Kulturkreis. Menschen aus verschiedenen Kulturen können nur in Frieden zusammenleben, wenn sie gegenseitig ihre Lebensweise achten.

Übrigens:

Jeder Mensch kleidet sich so, wie er sich wohl fühlt. Dem einen gefallen grüne Haare, der andere zieht sich gerne modisch an oder er trägt Kleidung aus seiner Heimat. Manchmal werden Menschen wegen ihres Aussehens und ihrer Kleidung ungerecht behandelt. Dies ist falsch, da Aussehen und Kleidung nichts über den Wert eines Menschen aussagen. Jeder Einzelne ist ein wichtiger Teil unserer Gesellschaft. Wir sollten für alle Lebensgewohnheiten Verständnis zeigen, sofern sie nicht gegen die Menschenrechte verstoßen oder andere einschränken.

Anderssein als Bereicherung

In jeder Klasse gibt es Kinder, die etwas ganz Besonderes können: Sie sind musikalisch begabt oder spielen Theater, können gut turnen, haben eine Ausbildung zum Juniorhelfer gemacht und können Verletzten sachkundig helfen.
Ganz ähnlich ist es in unserer Gesellschaft. Auch Menschen, die in unser Land kommen, hier leben und arbeiten, bringen ihre Fähigkeiten in die Gemeinschaft ein: Sie sind zuverlässige Handwerker, können gut tanzen und singen, sind trickreiche Fußballer, gute Geschichtenerzähler oder einfach freundliche Mitmenschen.

1 Welche besonderen Fähigkeiten haben Kinder in eurer Klasse?

2 Überlegt, was alles fehlen würde, wenn es in Deutschland keine Menschen aus anderen Ländern gäbe.

Wir zu Gast in der Welt

Tom erzählt von seinem Aufenthalt in Italien:
„In den letzten Sommerferien machte ich mit meiner Familie Urlaub in Italien. Das Wetter war so schön, dass wir jeden Tag im Meer gebadet haben. Aber wir haben auch viele Ausflüge unternommen und uns die Sehenswürdigkeiten angesehen. In einer Stadt haben wir eine Prozession beobachtet. Dort wurde eine Marienfigur von vielen festlich gekleideten Menschen in eine große alte Kirche getragen."

Anna erzählt von ihrem Aufenthalt in England:
„Ich habe mit meinen Eltern ein Jahr in England gelebt. Mein Vater hat dort für seine Firma gearbeitet. Wir wohnten in einem Haus am Stadtrand und ich ging in eine englische Schule. Dort habe ich wie alle Kinder eine Schuluniform getragen. Ich würde gerne mal wieder nach England fahren, um meine Freundinnen wieder zu sehen, die mir noch regelmäßig schreiben."

1 Vergleiche beide Erzählungen. Weshalb waren die Kinder im Ausland?

2 Finde andere Gründe für einen Auslandsaufenthalt.

3 Was hast du schon im Ausland erlebt? Erzähle!

4 Kennt ihr Dinge, die im Ausland anders sind als bei uns?

So kannst du dich über ein Reiseziel informieren

Bilder und Texte kannst du im Internet mit Hilfe einer Suchmaschine finden und ausdrucken.

Jemand, der bereits dort war, kann dir von Land und Leuten erzählen.

Auch in Prospekten aus dem Reisebüro findest du Informationen zu deinem Reiseziel.

Wenn du Genaueres wissen möchtest, solltest du dir Bücher und Landkarten besorgen.

1 Überlege dir, welche Informationen du über ein Reiseziel benötigst.

2 Stellt eine Ausstellung über eure Lieblingsreiseziele zusammen!

Die Welt zu Gast bei uns

Es gibt viele Gründe, Deutschland zu besuchen. Als Urlaubsland bietet es eine Vielzahl an Freizeitangeboten und interessanten Sehenswürdigkeiten. Besonders beliebt sind Schlösser und Burgen, die manche Reisende aus ihrem Heimatland nicht kennen. Zur Erholung und zum Sporttreiben kommen zahlreiche Touristen in die Alpen.
Übrigens macht es viel Spaß, ausländischen Gästen sein Land zu zeigen. Manchmal merkt man erst dann, wie schön die eigene Heimat ist.

Viele Menschen aus anderen Ländern leben und arbeiten in Deutschland. Sie kamen nach Deutschland, weil es nicht genügend deutsche Arbeitskräfte gab und die Firmen deshalb ausländische Arbeitskräfte einstellten. Das hat sich bis heute nicht geändert. Ein großer Teil der Betriebe ist auf ausländische Mitarbeiter angewiesen. Viele ausländische Familien leben schon sehr lange bei uns. Für sie ist Deutschland zu einer zweiten Heimat geworden. Einigen aber fällt es sehr schwer, bei uns heimisch zu werden.

Manche Menschen werden in ihrer Heimat verfolgt oder von Kriegen bedroht. Deutschland und auch viele andere Länder haben sich verpflichtet, solchen Menschen Schutz zu bieten. Solange es in ihrem Heimatland für sie gefährlich ist, dürfen sie bei uns bleiben. Verfolgte Menschen haben das Recht auf Schutz und Unterkunft. Es hat schon vielen Flüchtlingen das Leben gerettet.

Wenn Menschen aus anderen Ländern nach Deutschland kommen, haben sie mit vielen Schwierigkeiten zu kämpfen. Sie müssen unsere Sprache lernen, sich am neuen Wohnort zurechtfinden, einen neuen Freundeskreis aufbauen. Manche unserer Lebensgewohnheiten sind ihnen nicht vertraut. Deshalb sind sie auf unsere Hilfe angewiesen.

1 Wie kannst du fremden Menschen helfen, sich bei uns wohl zu fühlen?

2 Welche Sehenswürdigkeiten in deiner Umgebung würdest du Fremden gern zeigen?

Kinder haben Rechte

Kinderarbeit im Kohlebergwerk vor etwa 200 Jahren.

Miguel

Kinderarbeit in einer Spinnerei vor 150 Jahren.

José

Früher lebten viele Menschen in Deutschland in großer Armut. Der Verdienst der Eltern reichte nicht aus, um die Familien zu ernähren. Bereits im Alter von vier bis fünf Jahren mussten die Kinder mitverdienen, damit die Familien nicht verhungerten. Bis zu zwölf Stunden täglich schufteten die Kinder in dunklen Kohlenbergwerken oder Fabriken. Die unmenschlichen Arbeitsbedingungen brachten vielen von ihnen Krankheit und Tod. Ab etwa 1840 wurde durch Gesetze die Kinderarbeit in Europa eingeschränkt und später ganz verboten. Trotzdem gab es noch lange Zeit Kinderarbeit, weil die Gesetze nicht eingehalten wurden.

Auch heute leben viele Familien in Afrika, Südamerika und Asien in großer Armut. Hunger und Kinderarbeit sind die Folge.

Auf dem Foto links unten siehst du den zehnjährigen Miguel. Er lebt in Brasilien. Jeden Tag sortiert er auf der Müllkippe Plastik, Papier und Elektroschrott aus. Wenn er den ganzen Tag im stinkenden Abfall danach gewühlt hat, erhält er so viel Lohn, dass er genug zu essen hat.

Das Foto rechts unten zeigt José an seinem Arbeitsplatz. Er ist zehn Jahre alt und arbeitet mit Hunderten anderer Kinder in einer Kohlengrube. Elf Stunden am Tag schaufelt er Kohle oder zieht den schweren Kohlensack den engen Schacht empor. Josés täglicher Lohn reicht gerade dafür aus, dass er genug zu essen hat und ab und zu einfache Kleidung kaufen kann.

Hilfsorganisationen kümmern sich um die Kinder. Sie unterstützen sie und ihre Familien und ermöglichen es, dass die Kinder eine Schule besuchen können und eine Berufsausbildung erhalten.

1 Überlege, warum es wichtig ist, dass diese Kinder zur Schule gehen können.

Jeder Mensch hat Rechte, die niemand verletzen darf. Diese Rechte, Menschenrechte genannt, sollen jeden Erwachsenen und jedes Kind vor Schaden bewahren.
Kinder können ihre Rechte noch nicht allein durchsetzen.
Aus diesem Grund haben sich viele Nationen zusammengeschlossen und Rechte für Kinder festgelegt. Obwohl diese Rechte für alle Kinder der Erde gelten, werden sie noch in vielen Ländern missachtet.
Die Bundesrepublik Deutschland versucht, die Rechte der Kinder zu wahren und sich für sie einzusetzen.

Hier seht ihr einen Auszug aus dem Übereinkommen der Rechte der Kinder. Der Text daneben hilft euch, den Artikel 2 Absatz (1) zu verstehen.

Artikel 2

(1) Die Vertragsstaaten achten die in diesem Übereinkommen festgelegten Rechte und gewährleisten sie jedem ihrer Hoheitsgewalt unterstehenden Kind ohne Diskriminierung unabhängig von der Rasse, der Hautfarbe, dem Geschlecht, der Sprache, der Religion, der politischen oder sonstigen Anschauung, der nationalen, ethnischen oder sozialen Herkunft, des Vermögens, einer Behinderung, der Geburt oder des sonstigen Status des Kindes, seiner Eltern oder seines Vormundes.

Alle Kinder sind gleich, es gibt keine gleicheren. Kinder türkischer oder griechischer Eltern haben also dieselben Rechte wie Kinder deutscher Eltern. Kein Kind darf benachteiligt werden, weil es eine andere Hautfarbe hat als andere Kinder, weil es ein Mädchen ist und nicht ein Junge.

(aus: R. Eichholz (Hrsg.), Die Rechte des Kindes, Georg Bitter Verlag. 1991)

2 Oben auf dem Bild könnt ihr auf den Schildern einige Rechte lesen. Erklärt diese Rechte mit euren Worten.

3 Auch für das Zusammenleben in der Klasse sind die Menschenrechte die Grundlage. Nenne Beispiele.

Weg des Regenwassers

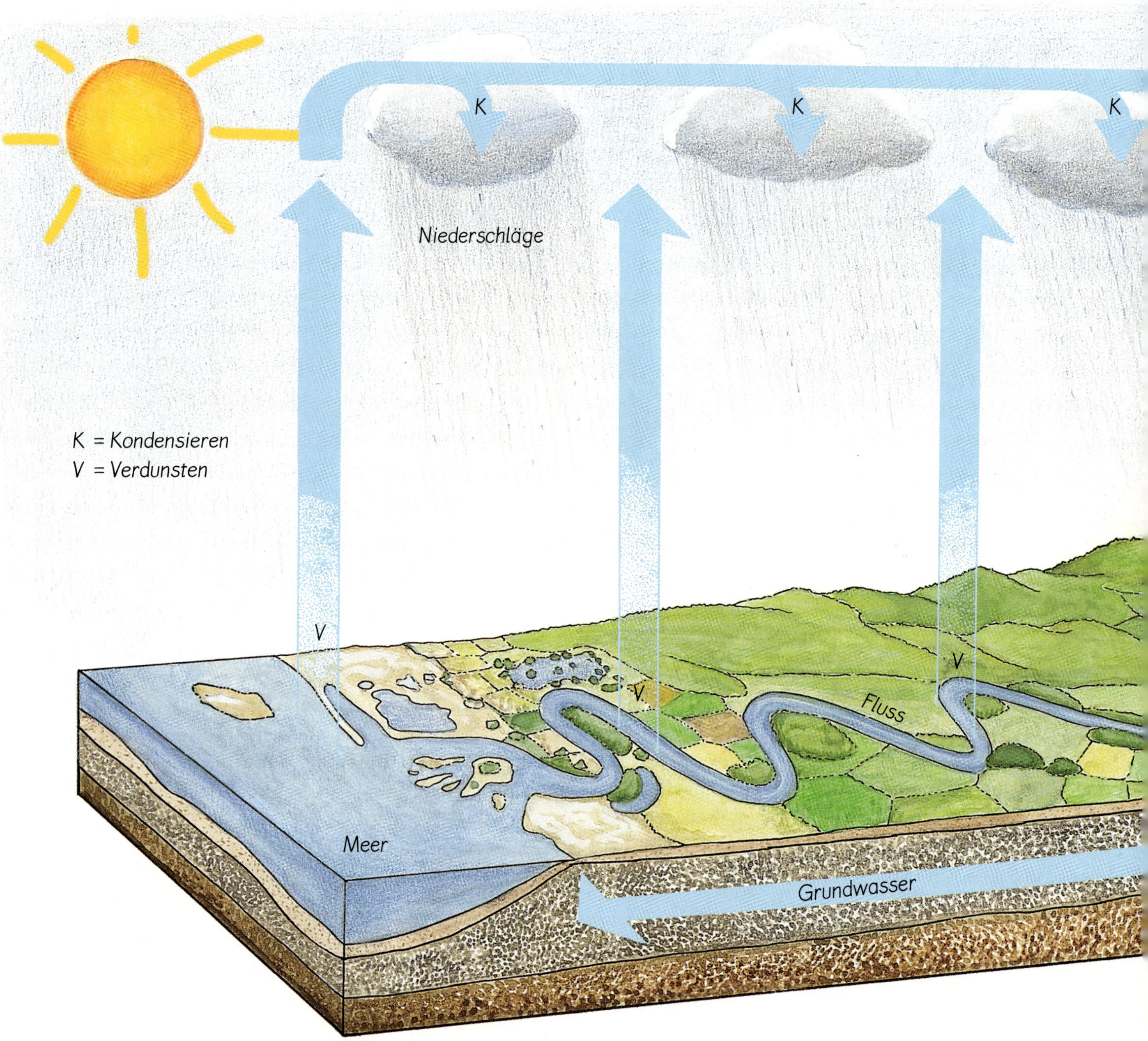

Du hilfst beim Aufhängen der Wäsche. Die Wäsche ist nass und schwer. Nach einigen Stunden ist sie trocken und leichter geworden. Was ist geschehen? Durch den Einfluss der Sonnenwärme ist das Wasser in der Wäsche verdunstet.

Überall auf der Erde verdunstet ständig Wasser. Nicht nur aus den Meeren, Seen und Flüssen steigt Wasserdampf auf, sondern von allen feuchten Flächen. Einige trocknen dabei aus, wie zum Beispiel Pfützen auf der Straße.
Aus dem Wasserdampf werden wieder kleine Wassertropfen. Sie bilden Wolken. Aus den Wolken gelangt das Wasser als Niederschlag wieder auf die Erde.
Das Regenwasser sammelt sich in Rinnsalen, Bächen, Flüssen und Seen. Ein großer Anteil des Wassers versickert im Boden. In tieferen Bodenschichten sammelt es sich als Grundwasser.
Das Grundwasser tritt in Quellen wieder aus dem Erdboden hervor. Sie sind der Ursprung von Bächen und Flüssen. Sie alle fließen dem Meer zu. Dieses Wasser bildet das Oberflächenwasser, das wir sehen können. Vom gesamten Wasser der Erde geht kein einziger Tropfen verloren. Es befindet sich immer im dargestellten Kreislauf.

1. Verfolge den Weg des Wassers vom Meer bis zu den Bergen. Berichte darüber.

2. Erkläre, wie sich das Grundwasser bildet.

3. Verfolge den Weg des Wassers von der Quelle bis zum Meer und beschreibe ihn.

4. Schau auf der Abbildung nach, wo überall Wasser verdunsten kann.

5. Zeige in der Abbildung, wo Wasser künstlich von den Menschen gesammelt wird. Überlege, wozu das Wasser gebraucht wird.

6. Erkläre mit deinen Worten den Kreislauf des Wassers. Beginne mit der Verdunstung des Wassers an der Oberfläche des Meeres.

So entsteht eine Quelle

Im Bodenlabor
Ihr braucht einen Blumentopf, Humus, Sand, Kies, Ton, ein Einmachglas und ein Gefäß mit Wasser.

1 Überprüft in einer Versuchsreihe die Wasserdurchlässigkeit verschiedener Bodenarten. Füllt zuerst einen Blumentopf mit Humus. Stellt den Topf wie in der Zeichnung in ein Einmachglas. Gießt jetzt Wasser in den Topf und beobachtet.

2 Wiederholt den Versuch mit den anderen Bodenarten.

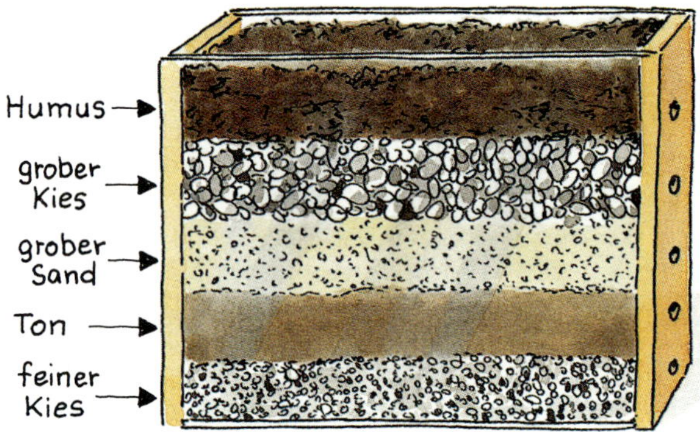

Quellenmodell

1 Baut ein Quellenmodell. Am besten gelingt es mit einem schmalen Gefäß aus Plexiglas. Die Seitenteile sind aus Holzleisten. An einer Seite werden in gleichen Abständen Löcher gebohrt.

2 Füllt die verschiedenen Bodenarten in beliebiger Reihenfolge Schicht für Schicht ein. Vermutet, wo die „Quelle“ entstehen wird. Gießt Wasser oben in das Modell und beobachtet.

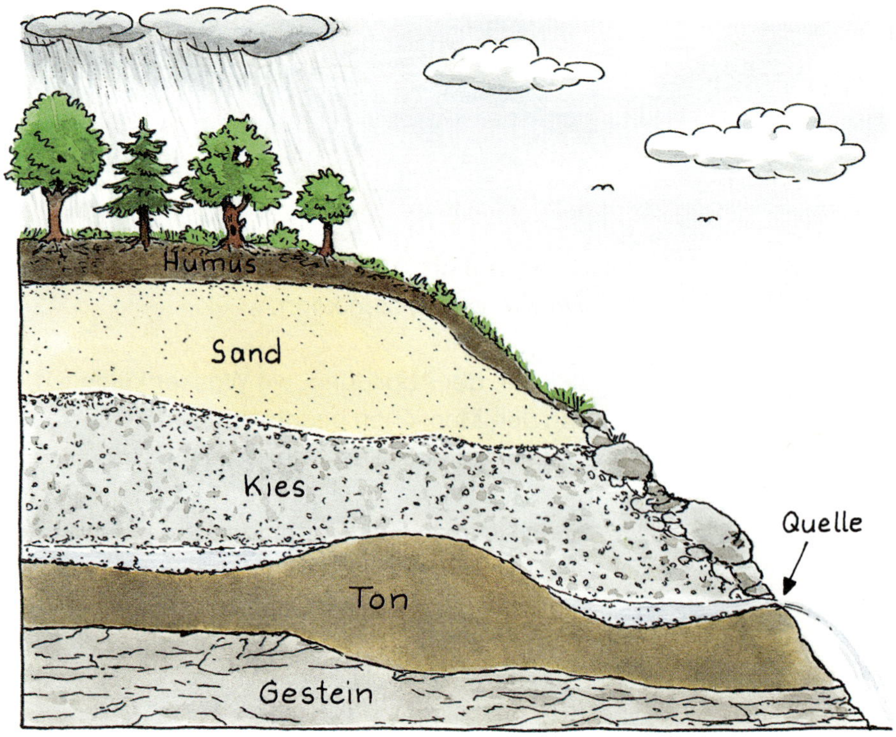

Es regnet. Ein Teil des Wassers fließt in Flüsse und Bäche. Ein anderer Teil versickert im Boden. Dort wird das Wasser von den Pflanzen aufgenommen oder dringt in immer tiefer liegende Bodenschichten ein.

Die Zeichnung zeigt einen Schnitt durch verschiedene Bodenschichten: Humus, Sand, Kies, Ton. Manche Bodenschichten lassen das Wasser hindurch. Andere Bodenschichten sind wasserundurchlässig. Über diesen sammelt sich das Regenwasser als Grundwasser. An manchen Stellen tritt es wieder ans Tageslicht.

Das Wasservorkommen auf der Erde

Der Blaue Planet
Weltraumfahrer sprechen beim Blick auf die Erde von einem Blauen Planeten.
Sie drücken damit aus, dass große Teile der Erde aus Wasser bestehen. Die großen Meere und Ozeane bedecken fast drei Viertel der Erdoberfläche. Das Festland bedeckt etwa ein Viertel der Erdoberfläche. Auf den ersten Blick erscheinen die Wasservorräte für Menschen, Tiere und Pflanzen unendlich zu sein, aber das täuscht. Das Wasser der Ozeane und Meere ist ungenießbares Salzwasser. Nur ein winziger Teil der Wasservorräte der Erde ist genießbares Süßwasser.
Der größte Teil des Süßwassers ist in Form von Eis an den beiden Erdpolen und in den Hochgebirgen gebunden. Nur eine sehr geringe Menge bleibt für die Trinkwasserversorgung. Ein Vergleich verdeutlicht das: Wenn 16 volle Wassereimer den gesamten Wasservorrat der Erde darstellen, stellt ein halbvoller Eimer den gesamten Süßwasservorrat dar. Nur zwei kleine Wassergläser entsprechen dem verfügbaren Trinkwasservorrat.

1 Findet auf dem Globus die Ozeane und Kontinente.

Übrigens:

Saurer Regen
Beim Verbrennen von Kohle, Öl und Gas gelangen Schadstoffe in die Luft und vermischen sich mit den Regenwolken. Wenn es regnet, gelangen sie auf die Erde. Die Schadstoffe machen den Regen sauer wie Essig. Bäume, Kräuter und sogar Steine nehmen Schaden durch den sauren Regen. Die Auswirkungen kannst du auf den Fotos sehen.

2 Beschreibe die Veränderungen auf den Fotos.

3 Erkläre mit eigenen Worten, wie saurer Regen entsteht.

gesund

krank

unbeschädigt

beschädigt

Wolkenbildung und Niederschlag

Überall auf der Erde verdunstet Wasser. Der unsichtbare Wasserdampf steigt mit der warmen Luft nach oben. In großer Höhe ist es kälter. Der Wasserdampf verwandelt sich in winzige Wassertröpfchen. Sie werden als Wolken sichtbar. Durch Bewegung der Luft in den Wolken können sich aus Millionen kleiner Wassertröpfchen größere Tropfen bilden. Wenn sie eine bestimmte Größe erreicht haben, fallen sie als Regen zur Erde. Ist in einer Wolke die Temperatur unter 0 °C gesunken, gefrieren die Wassertröpfchen zu Eiskristallen. Die Eiskristalle können sich aneinander lagern und fallen schließlich als Schneeflocken zur Erde. Unter bestimmten Bedingungen können aus den Wassertröpfchen auch Hagelkörner entstehen. Regen, Schnee und Hagel werden in der Wetterkunde als Niederschläge bezeichnet.

Niederschläge

Zustandsformen des Wassers

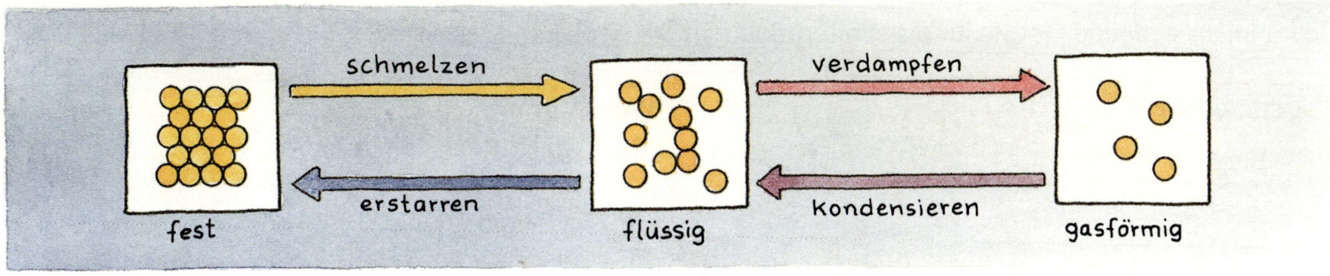

Teilchenmodell

Wir wissen heute, dass alle Stoffe aus kleinen Teilchen bestehen. Wir können sie uns als kleine Kugeln vorstellen. Sie sind so winzig, dass wir sie auch durch das beste Mikroskop nicht sehen können. Die Vorstellung vom Aufbau von Stoffen nennt man „Teilchenmodell". Das Modell hilft, das Verhalten eines Stoffes im festen, flüssigen und gasförmigen Zustand zu erklären.
Im festen Zustand sind die Teilchen auf engem Raum regelmäßig angeordnet. Sie haben feste Plätze und können sich nicht fortbewegen. Im flüssigen Zustand sind die Teilchen nicht mehr regelmäßig angeordnet und werden nicht mehr so fest gehalten. Sie können gegeneinander verschoben werden. Im gasförmigen Zustand sind die Teilchen weit voneinander entfernt. Sie haben jeden Zusammenhalt verloren.
Die drei verschiedenen Zustandsformen werden als Aggregatzustände bezeichnet.

Aggregatzustände des Wassers

Führe folgende Versuchsreihe durch. Beschreibt und erklärt die Zustandsformen mit Hilfe des Teilchenmodells. Achtung! Beim Erhitzen muss unbedingt eine Lehrperson dabei sein! Wasserdampf führt leicht zu Verbrennungen!

1. Füllt Wasser in eine Eiswürfelform und stellt sie ins Gefrierfach.
2. Gebt die Eiswürfel in einen Topf und erwärmt sie, dass das Wasser wieder flüssig wird.
3. Erwärmt das Wasser weiter, bis es verdampft. Lasst das gasförmige Wasser an einem kalten Topfdeckel kondensieren. (Hinweis: Gasförmiges Wasser ist unsichtbar. Beim sichtbaren „Wasserdampf" ist das Wasser bereits wieder flüssig und liegt in kleinsten Wassertropfen vor. Der Begriff „Wassernebel" beschreibt den Zustand zutreffender.)

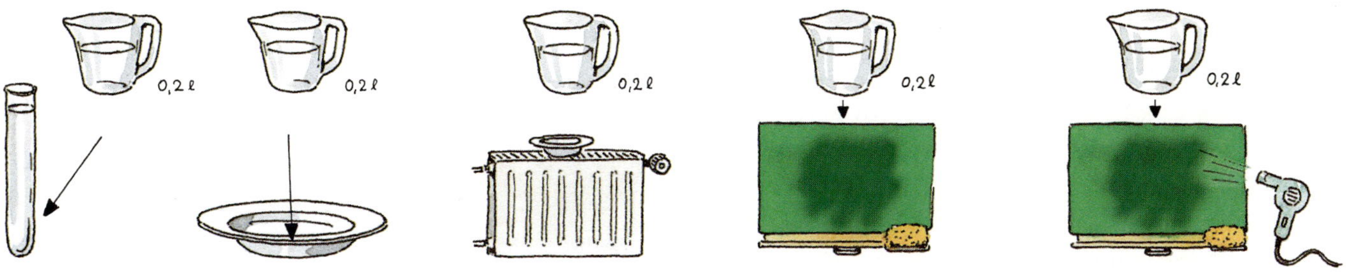

Verdunstungsversuche

1. Lasst jeweils die gleiche Wassermenge (1 Glas Wasser in verschiedenen Gefäßen) an verschiedenen Orten verdunsten.
2. Vergleicht eure Ergebnisse. Zählt auf, wodurch die Verdunstung beeinflusst wird.

Wettermessgeräte

So könnt ihr einfache Geräte für die Wetterbeobachtung bauen:

Regenmesser

1 Für den Regenmesser verwendet ihr ein Glas mit geraden Wänden und einem ebenen Boden.
2 Der Trichter darf nicht größer als die Breite des Glases sein.
3 Stellt euren Regenmesser etwa einen Meter über dem Boden mit genügend Abstand zu Bäumen und Häusern auf.

Windstärkemesser

1 Zeichnet auf ein quadratisches Stück Pappe eine gebogene Linie. Teilt sie als Skala in gleiche Abstände ein.
2 Befestigt die Pappe mit Reißnägeln an der Latte.
3 Schlagt vorsichtig einen etwa 8 cm langen Nagel in die Latte.
4 Schneidet aus Pappe ein Rechteck zurecht und locht es an einer Seite. Hängt das Pappstück mit Draht an den Nagel.

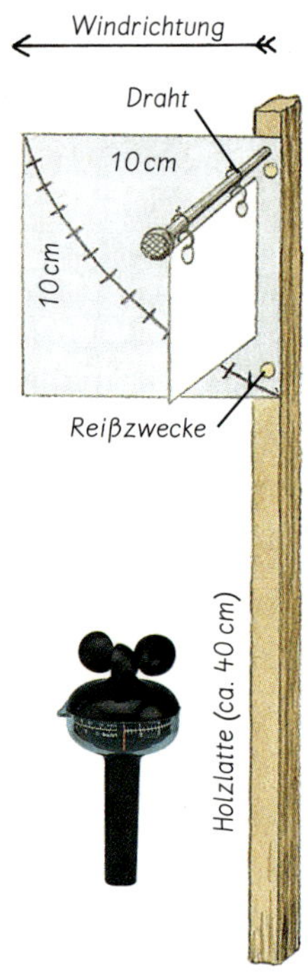

Windrichtungsanzeiger

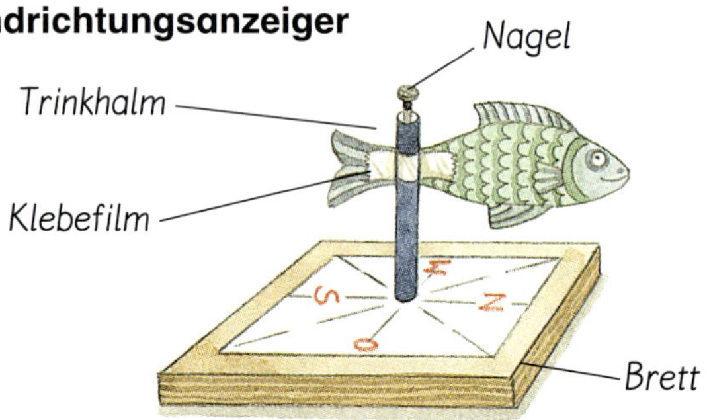

1 Fertigt aus einem quadratischen Blatt Papier eine Windrose. Markiert die Mitte. Klebt das Papier auf das Brett.
2 Auf Pappe zeichnet ihr einen Fisch und schneidet die Figur aus. Malt sie an.
3 Schneidet ein 6 cm langes Stück von einem Trinkhalm ab. Befestigt den Fisch mit Klebefilm an dem Trinkhalm wie auf dem Bild.
4 Führt einen 8 cm langen Nagel durch das Trinkhalmstück. Schlagt ihn durch die Mitte der Windrose in das Brett.
5 Stellt den Windrichtungsanzeiger in etwa einem Meter Höhe frei auf. Richtet die Windrose nach Norden aus.

Wetterexperten bei der Arbeit

1 Beobachet das Wetter an eurem Schulort etwa einen Monat lang. Legt euch dazu eine Tabelle an (Beispiel).
2 Führt eure Messungen immer zur gleichen Zeit und am gleichen Ort durch.
3 Versucht Zusammenhänge zu erkennen, z. B. zwischen Bewölkung und Temperatur oder zwischen Windstärke, Windrichtung und Feuchtigkeit.

Datum	Bewölkung	Temperatur	Wind-richtur
3. April		14 °C	SO
4. April	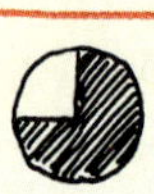	9 °C	W

Thermometer

Die Temperatur messt ihr mit einem Außenthermometer. Stellt das Thermometer an einem schattigen, windgeschützten Platz auf. Vielleicht könnt ihr sogar ein Minimum-Maximum-Thermometer verwenden.

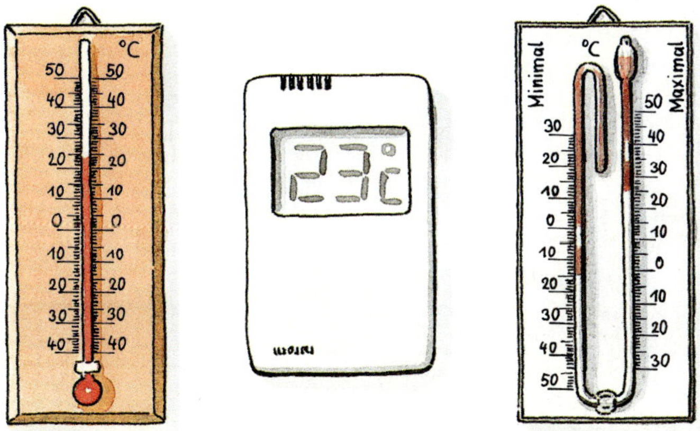

Luftdruckmesser

Der Luftdruckmesser oder das Barometer misst den Luftdruck in der Maßeinheit Hektopascal (hP). Zu Luftdruckänderungen kommt es, wenn sich die Luft erwärmt oder bewegt. Wenn der Luftdruck fällt, muss man mit Niederschlägen rechnen. Bei steigendem Luftdruck lösen sich die Wolken auf und es gibt längere Zeit Sonnenschein. Bei anhaltend hohem Luftdruck ist die Luft klar, es bleibt sonnig. Im Winter ist es dabei oft sehr kalt.

...ind- ...ärke	Luft- feuchtigkeit	Luft- druck	Niederschlag Art	 Menge
...ichte ...rise	gering	985 hP	—	—
...arker ...ind	hoch	965 hP	////	3 mm

Luftfeuchtigkeitsmesser

Mit einem Luftfeuchtigkeitsmesser (Hygrometer) misst man die Luftfeuchtigkeit. Ist die Luft sehr feucht, kann es bald regnen. Aus einem Kiefernzapfen, einer Stecknadel, einem Trinkhalm und einem Schuhkarton könnt ihr einen Luftfeuchtigkeitsmesser herstellen.

1. Steckt die Nadel in eine Schuppe.
2. Schneidet ein Stück von dem Trinkhalm ab und schiebt es über die Nadel.
3. Klebt den Zapfen in einen Schuhkarton.
4. Markiert auf der Rückseite des Kartons den Zeigerabstand, wenn der Zapfen ganz geöffnet und ganz geschlossen ist.
5. Stellt draußen den Luftfeuchtigkeitsmesser so auf, dass er nicht nass werden kann.

Diese Zeichen helfen dir:

Bewölkung

- *sonnig*
- *leicht bewölkt*
- *bewölkt*
- *stark bewölkt*
- *bedeckt*

Niederschläge:

- *Regen*
- *Schnee*
- *Hagel*
- *Nebel*

Lebensraum Teich

Gewässer

In Deutschland gibt es viele Gewässer: Schmale Bäche mit klarem, kaltem Wasser, breite Flüsse mit grünlichem Wasser, aber auch stehende Gewässer wie Seen, Talsperren, Teiche und Tümpel bieten viele Lebensräume für Tiere.

Wer sich still an das Ufer eines Sees oder Teiches setzt, kann dort viele Tiere beobachten. Oft bewegen sich Wasserläufer ruckartig über die Wasseroberfläche. Manchmal tauchen Rückenschwimmer oder Gelbrandkäfer dicht unter der Wasseroberfläche auf. Sie strecken ihren Hinterleib aus dem Wasser, um Atemluft aufzunehmen. Auch die Larven der Stechmücke tauchen auf, um über ihr Atemrohr Luft zu tanken.

Die Larven der Großlibellen und Kleinlibellen sind seltener im flachen Wasser auf dem Bodengrund oder an Wasserpflanzen zu beobachten. Die farbenprächtigen ausgewachsenen Libellen hingegen, die in schnellem Flug über dem Wasser nach Insekten jagen, sind oft zu sehen.

Übrigens:

Jedes Gewässer hat seine eigene Tier- und Pflanzenwelt.

Tiergruppen

1 Bestimme die Tiere mit Hilfe eines Bestimmungsbuches. Folgende Tiere findest du: Teichfrosch, Kaulquappen, Teichmolch, Stockente, Teichrohrsänger, Posthornschnecke, Spitzschlammschnecke, fliegende Großlibelle, Libellenlarve, fliegende Mücken, Mückenlarven, Gelbrandkäfer, Käferlarve, Rückenschwimmer, Wasserläufer, Wasserspitzmaus, Moderlieschen.

2 Ordne die Tiere, die im großen Bild dargestellt sind, den einzelnen Tiergruppen zu.

3 Die abgebildeten Tiere brauchen das Wasser, um sich zu vermehren, vor Feinden Schutz zu suchen oder um Nahrung zu finden. Erkläre für jedes abgebildete Tier, warum es den Teich braucht.

Wir beobachten Kleintiere im Wasser

Tipps zum Beobachten und Bestimmen von Kleintieren

- Ein guter Naturbeobachter hinterlässt keine Spuren.
- Tiere dürfen nur vorübergehend gefangen werden. Sie dürfen nicht verletzt, gequält oder gar getötet werden.
- Tiere, die gefangen worden sind, müssen immer in ein mit Wasser gefülltes Gefäß kommen. Das Gefäß muss in den Schatten gestellt werden.
- Lasst die Tiere nach dem Bestimmen wieder an der Stelle frei, an der ihr sie gefangen habt. Entleert die Gefäße knapp über der Wasseroberfläche.
- Steckt keines der gefangenen Tiere auf Dauer in ein Aquarium im Klassenzimmer oder in der Wohnung. Das Wasser im Aquarium ist für diese Tiere viel zu warm.

Diese Ausrüstung brauchen die Kinder

Bestimmungskarten für Wasserlebewesen

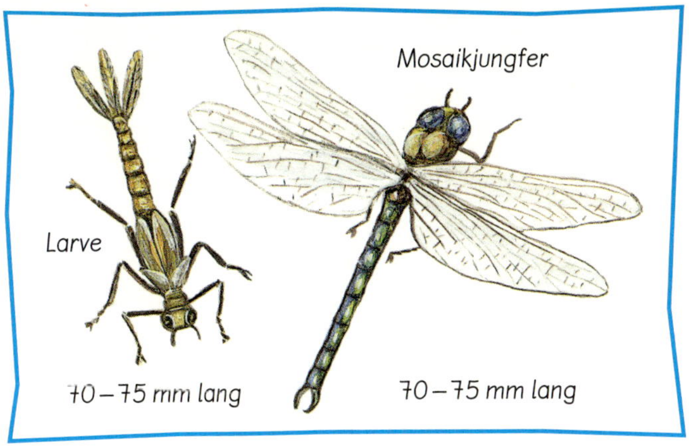

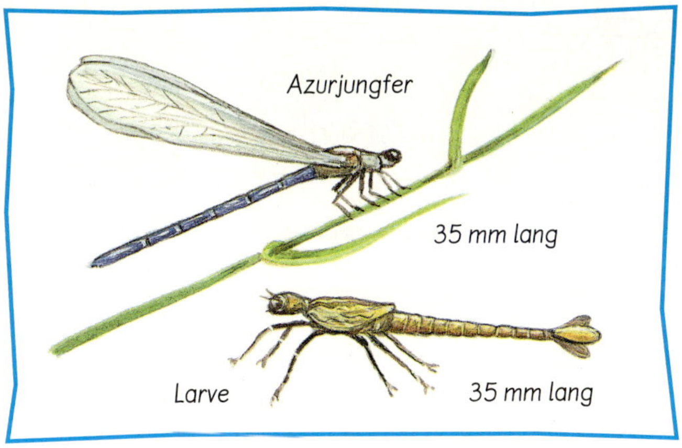

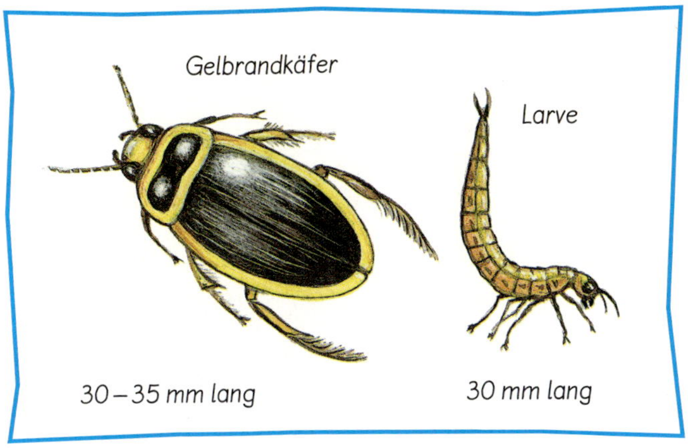

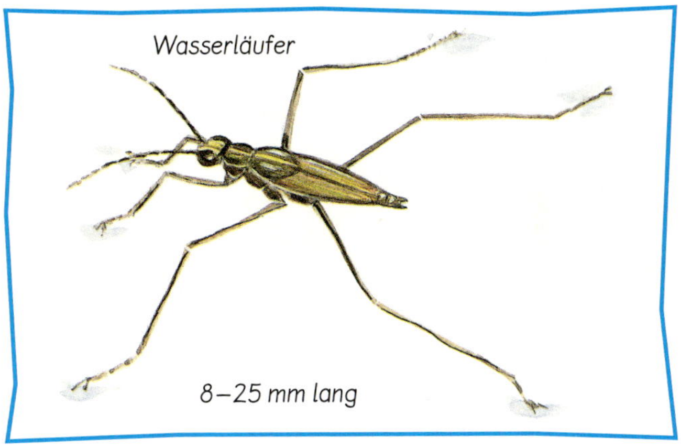

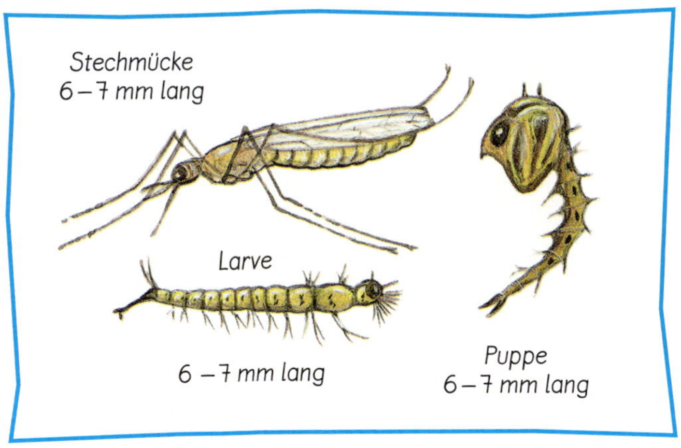

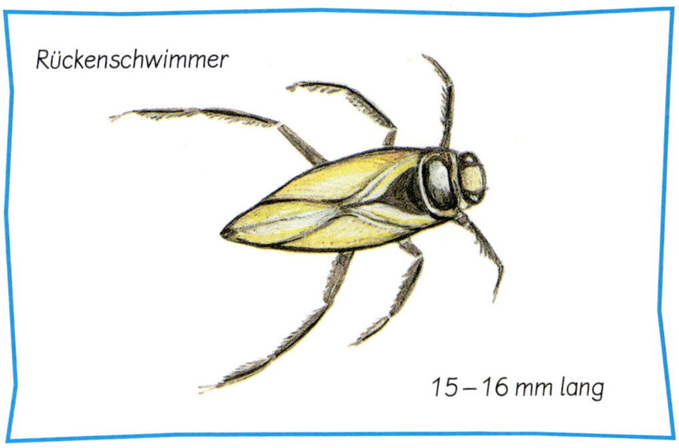

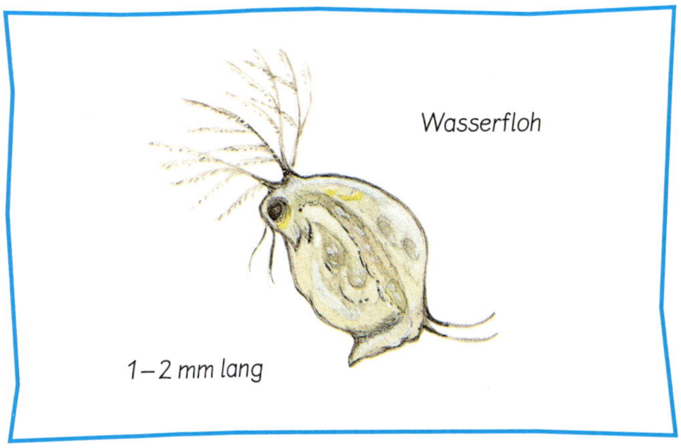

Pflanzen im und am Wasser

Sumpfdotterblume

Blutweiderich

Schilf

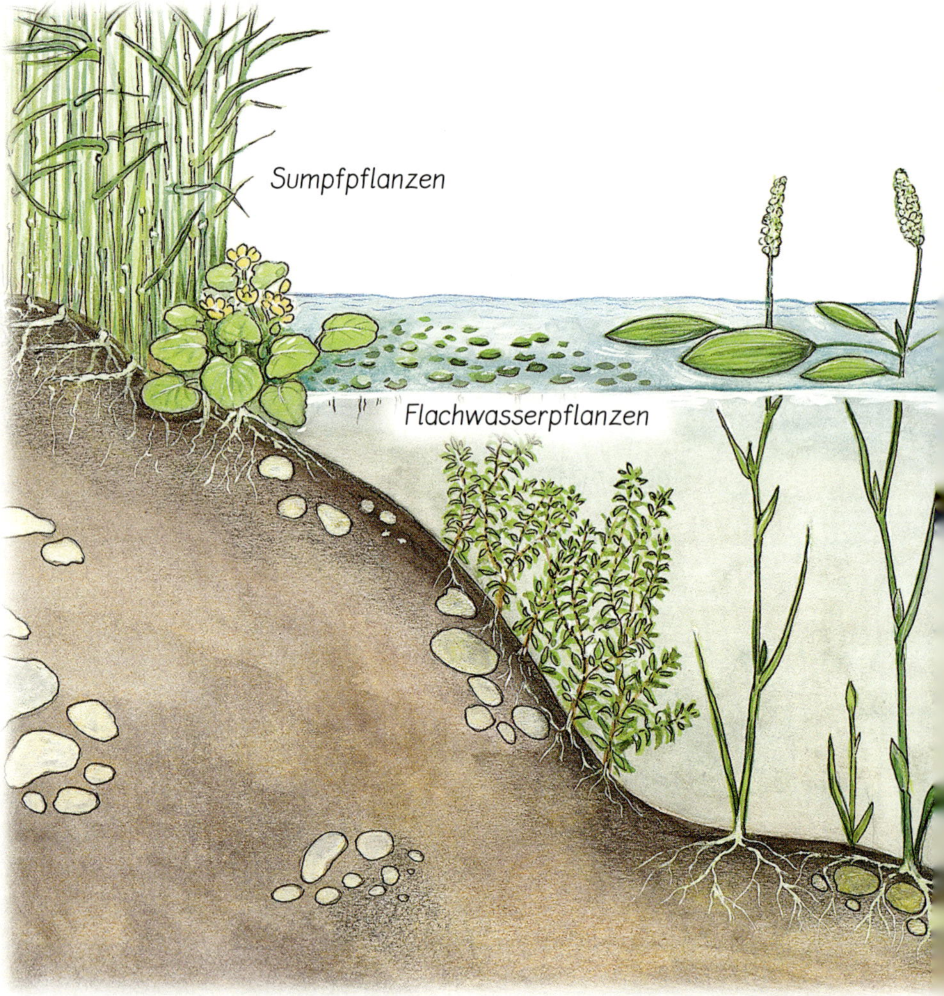

Froschlöffel

Gelbe Schwertlilie

Teichschachtelhalm

Wenn du im Sommer an das Ufer eines Teiches oder Sees trittst, kannst du verschiedene Standorte für Pflanzen beobachten und unterscheiden. Dort, wo der Boden noch nass oder feucht ist, wachsen Sumpfpflanzen, z. B. die Sumpfdotterblume. Sie vertragen die Nässe im Boden, können aber auch ein zeitweises Austrocknen der Erde vertragen.
Im flachen Wasser findest du das von weitem erkennbare Schilfrohr. Es bildet oft dichte Bestände, in denen auch andere Pflanzen vorkommen, z. B. der Blutweiderich oder der Froschlöffel. Im tiefen Wasser sind Schwimmblätter zu sehen, z. B. von der Teichrose. Ihre Wurzeln sind im Bodengrund des Gewässers verankert und über meterlange Stängel mit den Schwimmblättern verbunden. Im tiefen Wasser leben Tauchblattpflanzen, die vollständig unter Wasser gedeihen.
Die Pflanzen im und am Wasser sind besonders an diesen Lebensraum angepasst. Sie besiedeln verschiedene Standorte an einem Gewässer.

1 Überlege, zu welchem Standorttyp die auf den Fotos abgebildeten Pflanzenarten gehören. Lege eine Tabelle an! Benutze ein Pflanzenbestimmungsbuch.

Wasserlinsen

Seerose

Teichrose

Wasserpest

Hornblatt

Laichkraut

1 Zeichne eine Teichpflanze genau ab. Achte auf Form und Farbe. Du kannst die Pflanze auch fotografieren. Erkennen deine Mitschüler die Pflanze anhand deiner Zeichnung oder des Fotos?

2 Schreibt Pflanzensteckbriefe und sammelt sie in einer Mappe. So könnt ihr selbst einen kleinen Naturführer herstellen. Ein Bestimmungsbuch hilft euch.

Die Stockente

An vielen Teichen, Seen, Bächen und Flüssen leben Stockenten. Sie sind die häufigsten einheimischen Wildenten.
In flachen Bereichen von Gewässern kannst du Enten sehen, die ihren Kopf unter Wasser tauchen. Diese Enten suchen auf dem Grund nach Würmern, Schnecken, Frosch- und Fischlaich. Sie beißen auch Pflanzenteile ab. Man sagt, die Enten gründeln.
Die Weibchen und Männchen der Stockenten unterscheiden sich sehr in ihrem Aussehen. Das Gefieder des Weibchens ist unauffällig braun und grau gesprenkelt. Das Federkleid des Männchens ist die meiste Zeit des Jahres bunt gefärbt. Das Entenmännchen wird auch Erpel genannt.

1 Beschreibe das Federkleid des Erpels.

2 Überlegt, wo ihr bei euch Enten beobachten könnt.

Stockenten haben ein dichtes Federkleid. Das Federkleid hält die Enten warm. Damit kein Wasser eindringen kann, müssen die Federn ständig eingefettet werden. Eine Drüse an der Schwanzwurzel, die Bürzeldrüse, sondert Fett ab. Dieses Fett nimmt die Ente mit dem Schnabel auf. Dann zieht sie die Federn nach und nach durch den Schnabel. Dadurch werden die Federn Wasser abweisend und die Ente bleibt trocken.

Stockenten sind Schwimmvögel. Sie haben Schwimmfüße mit drei Vorderzehen und einer Hinterzehe. Zwischen den Vorderzehen befinden sich die Schwimmhäute. Beim Schwimmen bewegt die Ente die Beine abwechselnd vor und zurück. Dabei legt sie die Zehen wie einen Fächer auseinander oder zusammen. Zum Gehen auf dem Land sind die Füße nicht gut geeignet. Die Enten watscheln.

3 Beschreibe, wie die Ente ihre Füße beim Schwimmen bewegt.

Wie ein Schwimmfuß funktioniert
Du brauchst: zwei Quadrate aus Pergamentpapier (Seitenlänge etwa 10 cm), Schere und Klebstoff, drei Schaschlikstäbe

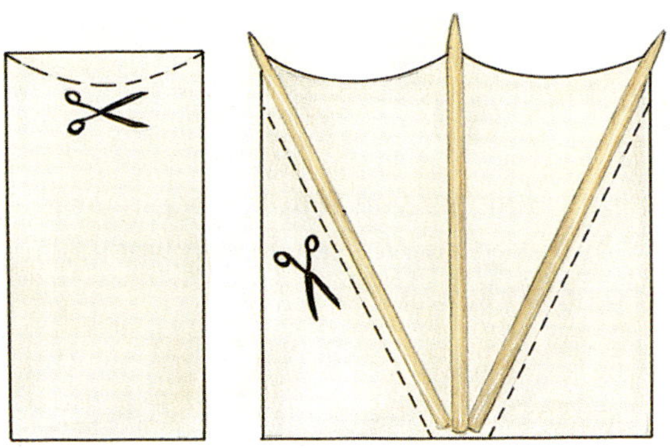

1. Falte die Quadrate in der Mitte und schneide an einer Seite eine flache Rundung heraus.
2. Falte die Quadrate auseinander und streiche beide mit Klebstoff ein.
3. Halbiere drei Schaschlikstäbe.
4. Ordne sie auf einem Quadrat wie in der Abbildung an.
5. Klebe das zweite Quadrat darüber. Schneide überstehendes Papier ab.
6. Bewege den Fuß zusammengefaltet und ausgebreitet. Vergleiche.

Übrigens:

Auch andere Lebewesen haben Schwimmfüße.
Zu wem gehören die abgebildeten Füße?

a) b) c) d)

Lösung: a) Frosch b) Biber c) Blässhuhn d) Taucher

Schutz der Gewässer

Der Ursprung des Lebens ist im Wasser zu finden. Ohne Wasser gäbe es kein Leben auf der Erde. Alle Lebewesen brauchen es und bestehen zum größten Teil daraus. Wir können einige Wochen ohne feste Nahrung, aber nur wenige Tage ohne Wasser auskommen. Wasser ist unser wichtigstes Lebensmittel und das einzige, das nicht durch ein anderes ersetzt werden kann.
Mensch, Tier und Pflanze sind auf sauberes Wasser angewiesen. Deswegen wird durch die Verschmutzung von Gewässern zum Beispiel mit Öl, Abwässern, Abfällen und Giftstoffen unsere Gesundheit gefährdet und das Leben von Tieren und Pflanzen bedroht.
Durch unser Verhalten können wir dazu beitragen, dass Gewässer sauber bleiben.

In den vergangenen Jahrzehnten sind die allermeisten Kleingewässer aus unserer Landschaft verschwunden. Die Schul- und Gartenteiche, die in den letzten Jahren neu angelegt worden sind, können dies nur teilweise ausgleichen.

Im Schilfgürtel an Seen brüten viele Vögel. Sie dürfen nicht gestört werden. Deswegen darf man das Ufer dort nicht betreten oder in das Schilf hineinschwimmen.

Öl verklebt das Gefieder von Wasservögeln und tötet Kleinlebewesen im Wasser. Schon wenige Tropfen sind gefährlich.

Übrigens:

Viele Bäche sind früher begradigt und in eine Betonrinne gezwängt worden. Die meisten Tiere und Pflanzen können in solchen Bächen nicht mehr leben. Deswegen werden manche dieser Bäche wieder renaturiert. Man entfernt die Verbauung und stellt ein natürliches Bachbett wieder her.

Versuch zur Oberflächenspannung

Wasser hat eine Oberflächenspannung. Ganz leichte Gegenstände werden dadurch wie von einer Haut getragen. Auch der Wasserläufer geht nicht unter, weil ihn die Oberflächenspannung auf der Wasseroberfläche hält.

Ihr braucht: Schüsseln mit Wasser, Büroklammern, Spülmittel, Speiseöl, Gabeln.

1 Legt mit der Gabel vorsichtig eine Büroklammer auf die Wasseroberfläche.

2 Gebt etwas Spülmittel oder Speiseöl am Rand auf die Wasseroberfläche. Beobachtet, was passiert.

3 Überlegt mit Hilfe des Versuchsergebnisses, was in einem Teich passiert, wenn größere Mengen Öl oder Spülmittel ins Wasser gelangen.

Übrigens:

Krötenwanderung

In jedem Frühjahr wandern Grasfrösche und Erdkröten aus ihren Winterquartieren zu den Laichgewässern. Dabei suchen sie immer den Teich oder See auf, in dem sie selbst aufgewachsen sind. Oft müssen Frösche und Kröten Straßen überqueren zwischen den Überwinterungsorten und den Teichen oder Seen. Viele verlieren dabei ihr Leben.
Ein Krötenzaun hält sie auf. Wenn sie daran entlangkriechen, fallen sie in eingegrabene Eimer und können unversehrt über die Straße zum Laichgewässer getragen werden.

Bachpatenschaften

Bäche beleben die Landschaft und sind ein besonderer Lebensraum für bestimmte Tiere und Pflanzen. Häufig sind sie bedroht durch Baumaßnahmen, durch zu viel Dünger oder Spritzmittel und durch gedankenloses Ablagern von Abfällen. Deshalb brauchen Bäche jemanden, der sich um sie kümmert. Wenn eine Schule eine Patenschaft für einen Bach übernimmt, sorgt sie dafür, dass er sauber bleibt, dass seine Ufer bewachsen sind und er sich frei entfalten kann. Eine Bachpatenschaft ist ein Versprechen, sich nicht nur einmal, sondern längere Zeit um dieses Gewässer zu kümmern und es für uns alle zu erhalten.

Woher kommt unser Trinkwasser?

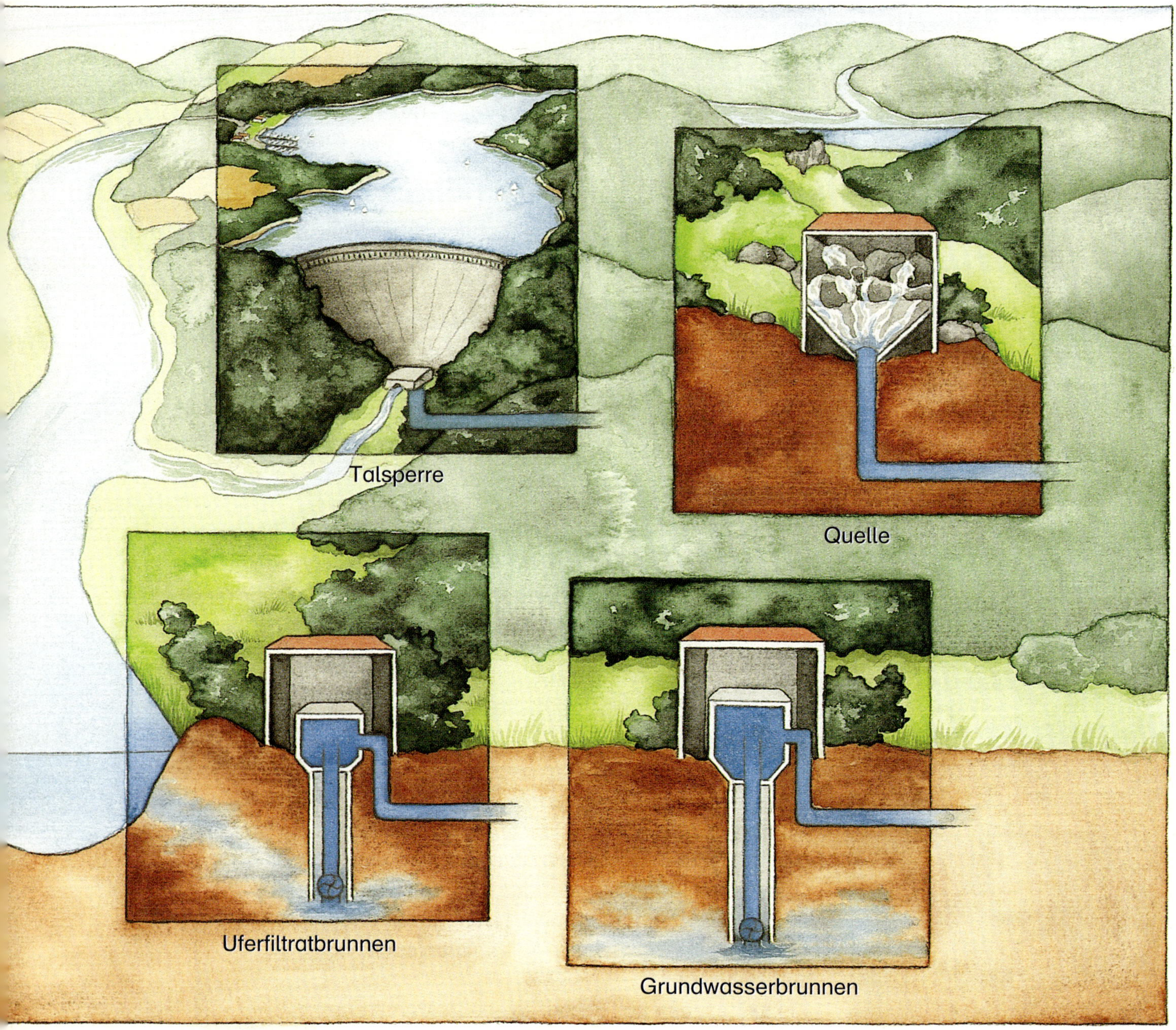

Trinkwasser ist das wichtigste Lebensmittel. Wir bekommen es aus dem Wasserwerk. Dort wird es jedoch nicht hergestellt. Wasser wird aus der Natur entnommen und im Wasserwerk gereinigt. Trinkwasser kann aus dem Grundwasser, aus einem Fluss, aus einer Quelle oder aus einer Talsperre stammen. Grundwasser und Quellwasser sind besonders gut für die Gewinnung von Trinkwasser geeignet. Dieses Wasser ist beim Versickern in den Boden durch Kies- und Sandschichten gefiltert worden. Dabei werden viele Schmutzteilchen, die im Wasser waren, im Kies und Sand festgehalten.

Wenn nicht genug Grundwasser oder Quellwasser vorhanden ist, muss man auf Fluss- und Talsperrenwasser zurückgreifen. Flusswasser entnimmt man nicht direkt aus dem Fluss, sondern erst, nachdem es durch den Uferkies und Ufersand gesickert ist. So wird auch hier die Filterwirkung des Bodens ausgenutzt.
In Gebirgen gibt es Trinkwassertalsperren, deren Wasser in Rohren bis in die Wasserwerke der Städte geleitet wird.

Im Wasserwerk wird das Wasser so aufbereitet, dass man es ohne Gefahr für die Gesundheit trinken kann. Dazu wird es gefiltert und entkeimt. Manchmal ist das Wasser stärker verschmutzt. Die Behandlung des Wassers ist dann aufwändig und teuer. Falls erforderlich, wird auch der Geschmack des Wassers verbessert.
Die Aufbereitung von Trinkwasser ist sehr unterschiedlich. Sie richtet sich nach der jeweiligen Beschaffenheit des natürlichen Wassers. Immer wird es jedoch gefiltert und entkeimt.

Damit das Trinkwasser nicht aus dem Wasserhahn tröpfelt oder mit hohem Druck aus dem Wasserhahn schießt, gibt es Hochbehälter, zum Beispiel in einem Wasserturm. Sie sorgen dafür, dass das Wasser immer mit gleichem Druck aus dem Hahn strömt. Anstelle von Hochbehältern werden auch Pumpanlagen eingesetzt.

1 Beschreibe mit Hilfe der Abbildung, wie Trinkwasser gewonnen wird.

2 Informiert euch, woher euer Trinkwasser stammt und in welchem Wasserwerk es aufbereitet wird.

→ 56

Wozu brauchen wir Trinkwasser?

Aus dem Hochbehälter kommt das Trinkwasser in ein weit verzweigtes, unterirdisches Leitungsnetz. Fast jedes Haus ist an dieses Netz angeschlossen. An der Anschlussstelle misst eine Wasseruhr die entnommene Wassermenge.
Trinkwasser muss bezahlt werden, denn die Aufbereitung und Verteilung kosten Geld. Jeder von uns gebraucht täglich sehr viel Wasser, zum Beispiel zum Duschen, Kochen oder Toilettespülen. Um Geld zu sparen und die Umwelt zu schonen, sollten wir sparsam mit Trinkwasser umgehen.

Zum Duschen benötigt man weniger Trinkwasser als zum Baden. Tropfende Wasserhähne müssen repariert werden, damit das Wasser nicht ungenutzt abfließt.

1 Beschreibe, wozu auf dem Bild das Trinkwasser genutzt wird.

2 Überlege, wie man Trinkwasser sparen kann.

Im Haushalt wird Trinkwasser verschmutzt, zum Beipiel beim Geschirrspülen durch Essensreste und Spülmittel. Auch beim Duschen und Zähneputzen verschmutzen wir das Trinkwasser mit Seife und Zahncreme. Ein besonderes Problem ist die Verschmutzung des Trinkwassers durch Öl. Autos dürfen deshalb nur in Waschanlagen gewaschen werden. Dort sind Vorrichtungen, die das Öl aus dem Schmutzwasser entfernen.
Das Schmutzwasser wird in Abwasserkanäle geleitet. Unter der Erde gibt es ein großes Netz von Abwasserkanälen, an das fast alle Häuser angeschlossen sind. Manche Kanäle sind so groß, dass man darin aufrecht gehen kann.
Für das Regenwasser gibt es häufig ein eigenes Kanalnetz. Damit wird das Regenwasser direkt in die Bäche und Flüsse geleitet.

3 Auf dem Bild sind Beispiele dargestellt, wie Trinkwasser verschmutzt wird. Welcher Schmutz gerät dabei ins Wasser?

4 Schau in der Abbildung nach, wer sich falsch verhält.

Wohin mit dem gebrauchten Wasser?

Der Abwasserkanal mündet in die Kläranlage. Dort wird das verschmutzte Wasser in mehreren Stufen gereinigt.
Ein Rechen siebt große Teile heraus, zum Beipiel Wattestäbchen, Plastiktüten, Toilettenpapier, Filter von Zigaretten oder Strümpfe. Hier findet sich leider vieles, was nicht in die Toilette gehört. Nach dieser groben Reinigung fließt das Wasser in einen Sandfang. Hier setzt sich der Sand ab. In dieser Reinigungsstufe werden auch Fette und Öle entfernt.

1 Vermute, wie Sand in das Abwasser gelangen kann.

Vom Sandfang fließt das Wasser in ein Vorklärbecken. Dort sinken kleine Schmutzteile auf den Boden. Schmutz, der leichter ist als Wasser, schwimmt auf der Oberfläche. Mit Schiebern wird dieser Schmutz von der Oberfläche und vom Boden des Beckens entfernt.
Das Wasser fließt nun in ein Belebungsbecken, in dem Luft in das Wasser geblasen wird. Diese Luft brauchen nützliche Bakterien zum Leben. Sie „fressen“ manchen Schmutz, zum Beispiel: Essensreste vom Geschirrspülen oder Kot. Schmutz und Bakterien bilden im Wasser Flocken.

57

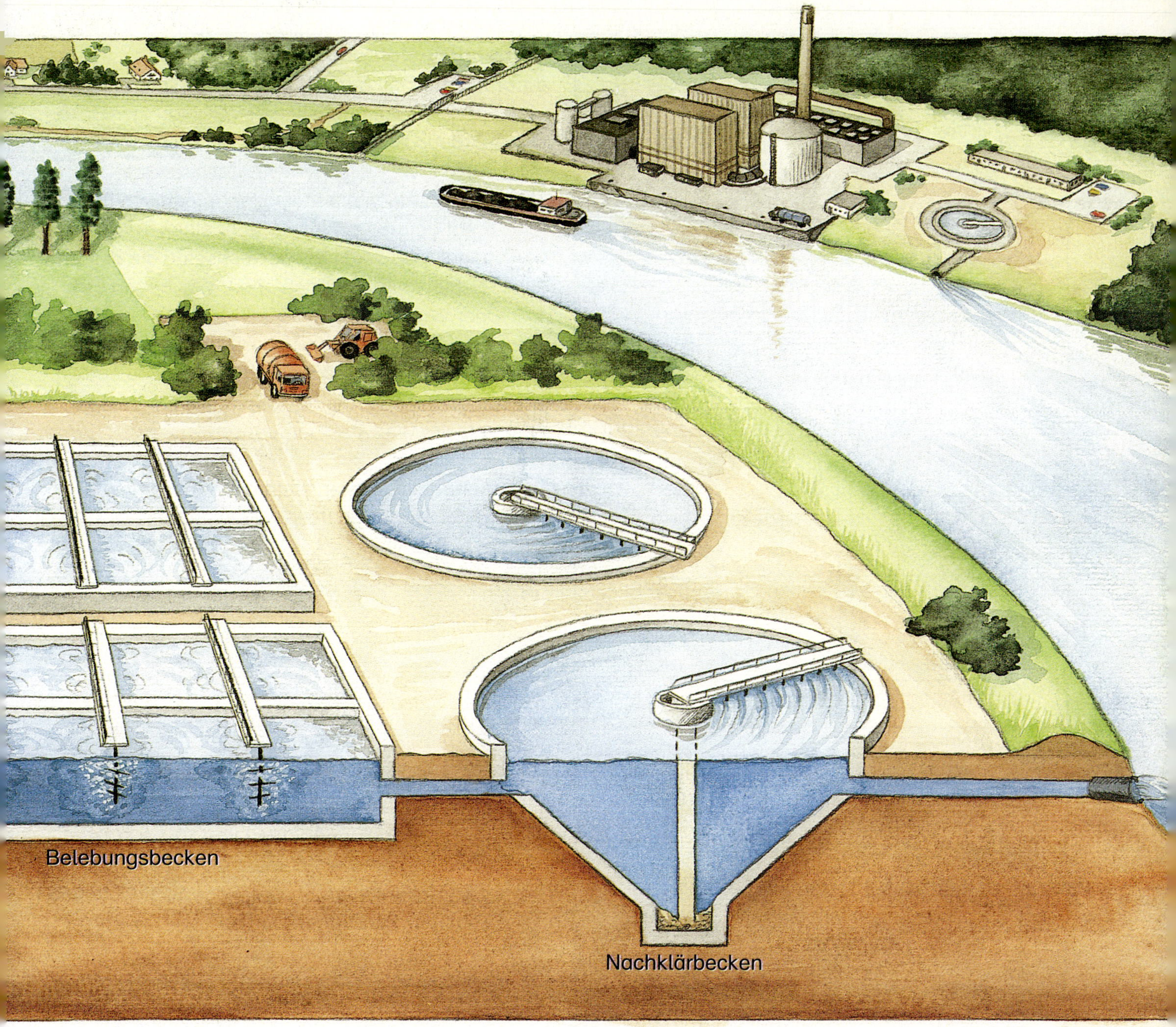

Aus dem Belebungsbecken fließt das Wasser in das Nachklärbecken. Hier setzen sich die Flocken als Schlamm ab. Dieser wird später beseitigt. Obwohl in der Kläranlage ein großer Teil des Schmutzes wieder entfernt wird, ist das geklärte Wasser noch nicht so sauber, dass man es wieder trinken könnte. Das Wasser wird nach der Reinigung in der Kläranlage in Bäche oder Flüsse eingeleitet. In natürlichen Gewässern kann sich dieses Wasser zu einem gewissen Teil selbst weiter reinigen.

Ohne die Kläranlage wären die Reinigungskräfte der Natur hoffnungslos überfordert. Wasser ist eine Leihgabe der Natur. Durch das Klären geben wir es in einem zumutbaren Zustand an die Natur zurück.

2 Beschreibe die Klärung des Wassers anhand der Abbildung.

3 Erkundigt euch, wo die Kläranlage steht, in der das Abwasser aus eurem Wohngebiet geklärt wird. In welches Gewässer wird das geklärte Wasser eingeleitet?

Versuche zur Wasserversorgung

Verbundene Röhren

Ihr braucht: einen durchsichtigen Wasserschlauch, verschiedene Schlauchstücke, Verbindungsstücke, ein Gefäß mit Wasser, Tinte, einen Trichter.

1 Nehmt einen durchsichtigen Schlauch und gebt gefärbtes Wasser über einen Trichter hinein. Bewegt jetzt abwechselnd die beiden Schlauchenden nach oben. Wie ändert sich der Wasserstand?

2 Nehmt verschiedene Schlauchstücke und steckt sie zusammen. Gießt wieder Wasser hinein. Was stellt ihr fest?

In verbundenen Röhren steht das Wasser immer gleich hoch, weil sich das Wasser stets gleichmäßig verteilt.

Versuch zum Wasserdruck

1 Bohrt Löcher im Abstand von 10 cm in das rechte Ende des Schlauchs. Füllt Wasser in den Schlauch und bewegt das Schlauchende mit dem Trichter auf und ab.

Je nach Höhe des Schlauchs spritzt Wasser aus einem oder aus mehreren Löchern.

Wasserdruck im Wasserleitungsnetz

Vom Hochbehälter fließt das Wasser über das Fallrohr nach unten. Über die Steigleitung gelangt es nach oben in die Wohnungen.
Wenn der Wasserhahn höher liegt als der Hochbehälter, muss das Wasser mit einer Pumpe nach oben transportiert werden.

1 Vergleicht Steigleitung und Fallrohr mit dem Versuchsmodell darüber.

Versuche zur Wasserentsorgung

Rechen
Das stark verschmutzte, übel riechende Abwasser fließt zunächst durch den großen Rechen. Dieser hält Gegenstände zurück wie Stoffreste, Windeln, Toilettenpapier usw.

1 Stellt in einem Behälter Schmutzwasser her aus Papierresten, Holzstücken, Erde und Kreidestaub. Versucht, mit einem Eierschneider oder einem groben Kamm die großen Schmutzteile „abzurechen".

Sandfang
Im Sandfang wird der Abwasserstrom gebremst. Dabei setzen sich schwere Teile wie Kies und Sand ab.

2 Nehmt eine von eurer Lehrkraft vorbereitete durchsichtige Plastikflasche, die am Hals ein Stück aufgeschnitten ist und im Flaschenboden ein Loch hat. Legt die Flasche auf einen Tisch und haltet ein Gefäß unter das Loch. Gießt das zuvor grob gereinigte Wasser in die Plastikflasche und beobachtet.

In der Mulde setzen sich schwere Teile ab.

Nachklärbecken
Im Nachklärbecken setzen sich die leichten Stoffe ab und sinken zu Boden. Dort entsteht feiner Schlamm, der in einen Trichter geschoben und entfernt wird.

3 Nehmt eine zweite vorbereitete Plastikflasche, die seitlich unten zwei Löcher hat. Diese verschließt ihr am besten mit Stopfen aus Knetmasse. Gießt nun das trübe Wasser vorsichtig hinein und lasst die Flasche dann eine Zeit lang stehen. Wenn sich der feine Schmutz nach einer Weile auf dem Boden abgesetzt hat, zieht den oberen Stopfen und lasst das „geklärte" Wasser ab.

Der feine Schmutz setzt sich ab.

Übrigens:

Den entstandenen Schlamm lässt man zunächst in einem Behälter faulen. Dabei entsteht Gas. Es wird zur Gewinnung elektrischer Energie und zum Heizen benutzt. Der ausgefaulte Schlamm wird getrocknet. Da er giftige Stoffe enthalten kann, wird er verbrannt oder auf einer Deponie gelagert.

Was kann man in einem Museum alles sehen?

1 Erkundigt euch, welche Museen es in eurem Heimatort oder in der Region gibt. Dabei helfen vielleicht das Internet, das Telefonbuch oder das Fremdenverkehrsbüro.

2 Fordert per Telefon, Fax oder E-Mail nähere Informationen des Museums an. Erkundigt euch nach Öffnungszeiten, Eintrittspreisen, Prospekten und Führungen für Schulklassen.

Geschichtswerkstatt vor Ort – Was geschah in eurer Gegend . . .

Ausgrabung eines Gräberfeldes

. . . in der Zeit der Kelten?

Ausstellung zur Schwedenschlacht 1632

. . . in der Zeit des Dreißigjährigen Krieges?

Was findet man in einem Archiv?

- alte Plakate
- ____________
- alte Urkunden
- ____________
- Tonbänder
- ____________
- Filme
- Bücher
- ____________
- Fotos
- ____________
- Programme/ Festschriften

3 Informiert euch, ob es in eurem Heimatort ein Stadt- oder Gemeindearchiv gibt. Genaueres wissen vielleicht der Bürgermeister oder der Heimatvereinsvorsitzende.

4 Fragt nach! Was wird in dem Archiv gesammelt? Könnt ihr mit der Klasse das Archiv besuchen und selbst alte geschichtliche Dokumente einsehen?

Was geschah in eurem Ort . . .

Bahnhof

. . . in der Zeit, als die Eisenbahn gebaut wurde?

... Im Mittelalter stand hier der 1317 erstmals urkundlich erwähnte Cressenhof. Der Renaissancebau stammt aus der 2. Hälfte des 16. Jahrhunderts. ... Am 16. März 1945 durch Bomben zerstört. ... 1955... wieder aufgebaut....

Mahnmal oder Gedenktafel

. . . in der Zeit des Zweiten Weltkrieges?

Unsere Gegend, unser Ort in der Zeit . . .

So lebten die Kelten
Die Stämme der Kelten lebten vor Christi Geburt in weiten Gebieten Europas. Etwa 500 Jahre vor Christus siedelten Kelten auch auf dem Gebiet des heutigen Bayern. Flüsse wie Main, Donau, Isar, Lech und Inn haben ihre Namen vermutlich aus keltischer Zeit.
Viele Ausgrabungen und Funde zeugen vom Leben und der Kunstfertigkeit der Kelten. Die Gewänder der Frauen und Männer waren gewebt. Mit einem Gürtel und kostbaren Spangen wurden sie zusammengehalten. Frauen trugen außer Kopfschmuck gerne Halsreifen, Arm- und Beinringe. Zur Ausstattung der Krieger gehörte meist ein Helm, ein großer Schild, ein Schwert und eine Lanze.
Die keltischen Stämme wurden von reichen Fürstenfamilien regiert. Neben den Stammesfürsten spielten auch die Druiden eine besondere Rolle. Sie waren zugleich Priester, Medizinmänner, Lehrer und Richter. Ihr umfangreiches Wissen hielten sie geheim oder gaben es nur mündlich weiter. Die meisten Menschen waren einfache Handwerker, Händler, Bauern oder Hirten. Die Handwerker fertigten schön geformte, verzierte Tongefäße, kunstvolle Schmuckgegenstände aus Bronze und Waffen aus Eisen. Auch die Glasverarbeitung war schon bekannt. Mit Glaswaren wurde Handel bis in ferne Länder betrieben. Zunächst wurden die Waren gegen andere Waren getauscht, dann führten die Kelten den Geldhandel mit Münzen ein.

In einer keltischen Siedlung

Geschichtswerkstatt vor Ort

Spurensuche:

1 Siedelten die Kelten auch in der Nähe eures heutigen Wohn- oder Schulortes? Am besten schlagt ihr dazu in einem Buch zur Ortsgeschichte nach. Dort wird oft von Besiedelungen aus der Frühzeit berichtet und auf Funde und Ausgrabungen hingewiesen. Fachleute für diese Fragen sind auch die örtlichen Heimatpfleger. Sie wissen über neueste Forschungen Bescheid.

2 Gibt es bei euch keltische Viereckschanzen? In manchen Gegenden findet man in der Landschaft seltsame Erdwälle, die ein geschlossenes Viereck bilden. An einer Seite befindet sich ein Eingang. In Wanderkarten sind die so genannten Keltenschanzen eingezeichnet. Ihre Bedeutung ist noch unklar. Handelt es sich um die Reste eines keltischen Heiligtums, um einen besonderen Versammlungsort oder um den Außenwall eines großen Bauernhofes?

Keltische Siedlungen
Die Kelten suchten für ihre Siedlungen meist die Nähe von Flüssen und fruchtbares Ackerland. Neben kleinen Dörfern gab es in Bayern einige große, bedeutende Siedlungen, die auf eine zahlreiche Bevölkerung und mächtige Fürsten hinweisen. Ausgedehnte Fliehburgen lagen auf Bergrücken. Hinter kunstvoll aufgeschichteten Steinwällen fanden dort viele Menschen aus den umliegenden Dörfern vor kriegerischen Übergriffen Zuflucht. Berühmt ist die keltische Stadt Manching. Bei Ausgrabungen entdeckte man ihre riesigen Ausmaße. Eine hohe Wallmauer mit großen Toren schützte sie. In der Stadt lebten wahrscheinlich 15 000 Menschen. Bauern bewirtschafteten Ackerflächen und Viehweiden innerhalb der Mauern. Außerdem waren in der Stadt viele Handwerkerbetriebe ansässig. Das Schmiedehandwerk, die Töpferei und die Herstellung von Glas spielten eine besondere Rolle. Die Handelsbeziehungen Manchings reichten über ganz Europa.

Bronzegeldbörse mit Goldmünzen (Manching)

Geschirr (Manching)

Mauer um eine keltische Stadt (Manching)

Gürtelschnalle (Manching)

Geschichtsexperten bei der Arbeit:

1 Besucht eine Ausstellung oder ein Museum zum Thema „Kelten“. Vielleicht dürft ihr dort auch einzelne Fundstücke ganz aus der Nähe betrachten.

2 Stellt selbst eine Keltenausstellung zusammen. Leiht euch dazu Bücher aus der Bibliothek. Kopiert und vergrößert interessante Bilder und beschriftet sie. Stellt die Arbeit vor.

3 Die hohen Wallmauern um keltische Burganlagen und Städte waren aus Steinblöcken geschichtet und mit einem Balkengerüst verstärkt. Baut im Sandkasten ein Modell nach dem Vorbild der Manchinger Mauer.

4 Beim Bau von Straßen oder Bahnlinien stößt man immer wieder unerwartet auf frühgeschichtliche Funde. Vielleicht erfahrt ihr von Ausgrabungen in eurer Nähe und besucht sie.

Unsere Gegend, unser Ort in der Zeit . . .

Der Dreißigjährige Krieg wütet in Europa
In der Zeit nach der Reformation* gab es große Gegensätze zwischen Protestanten und Katholiken, aus denen sich viele Streitigkeiten entwickelten. Katholische und protestantische Fürsten führten deshalb 30 Jahre lang gegeneinander einen grausamen Krieg. Der Dreißigjährige Krieg wütete zwischen 1618 und 1648 in vielen Ländern Europas. Er fand auch auf dem Gebiet des heutigen Bayern statt. In der Geschichte vieler Orte stellt der Dreißigjährige Krieg einen schlimmen Einschnitt dar, verbunden mit schrecklichen Geschehnissen.

In den dreißig Kriegsjahren zogen riesige Landsknechtsheere von Schlacht zu Schlacht durch das Land. Für einen geringen Sold kämpften sie gegen die andere Kriegspartei. Zu ihrem Begleittross gehörten auch viele Frauen und Kinder. Ihren Unterhalt mussten sich die Soldaten selbst besorgen. So plünderten sie Bauern und Bürger aus und machten rücksichtslos von der Waffe Gebrauch. Sie verwüsteten Dörfer, zündeten Häuser an, folterten und ermordeten die Bevölkerung. Als Folge des Krieges starben sehr viele Menschen außerdem an Hungersnöten und der Pest, einer schrecklichen Seuche.

Die Schweden vor München 1632

Geschichtswerkstatt vor Ort

Spurensuche:

1 Straßennamen erinnern oft an wichtige Ereignisse am Ort. Gibt es bei euch eine Schweden-, Gustav-Adolf- oder Gustavstraße? Das kann ein Hinweis auf den Durchzug schwedischer Truppen und ihren König Gustav Adolf sein. Wallensteinstraßen deuten auf den kaiserlichen Heerführer hin. Straßennamen, in denen Schanze vorkommt, liegen oft in der Nähe ehemaliger Befestigungsanlagen.

2 In der Zeit des Dreißigjährigen Krieges war es Brauch, Pestsäulen aufzustellen. In ihrer Angst vor dem Pesttod beteten die Menschen zu Maria und zu besonderen Pestheiligen, wie zum heiligen Rochus oder zum heiligen Sebastian. Die verzweifelten Menschen versprachen, ihnen zur Ehre eine Pestsäule aufzustellen, wenn sie verschont oder wieder gesund würden.
Kennt ihr in eurer Nähe eine Pestsäule? Steht die Figur eines Pestheiligen in eurer Kirche?

* Reformation: Erneuerungsbewegung in der Kirche im 16. Jahrhundert. Sie führte zur Spaltung in zwei Konfessionen, die katholische Kirche und die evangelisch-lutherische Kirche (Protestanten).

. . . des Dreißigjährigen Krieges

Überall leiden die Menschen unter dem Krieg

Aus Ortschroniken

„Nun im Dorfe, wo die Soldaten nichts als leere Häuser, und keinen Menschen fanden, war ein schrecklicher Anblick. Das ganze Dorf schien im Feuer zu stehen. Sie nahmen Stühle, und Bänke aus den Häusern, und trugen die Dächer ab, und füllten alle Gassen mit fürchterlichen Wachtfeuern, und das ganze Dorf mit Schreien und Heulen an, wie sonst nur Hunger, und Verzweiflung zu tun pflegt."

Erling 1633

„Weil aber die Soldaten mit Lichtern und Fackeln alle Winkel durchsuchten, so half auch das Verbergen nicht viel, sondern die Leute wurden häufig gefunden, geschlagen und solang gepeinigt, bis sie all ihr Geld und verwahrte beste Sachen anzeigten und an den Tag gaben."

Weiden 1635

„Außer an dem Getraid mangelte es an nahrhaftem Viehe, und Geflügel aller Sorten sehr. . . . Übrigens war nicht nur hier, sondern in der ganzen Gegend kein Schaf, kein Schwein, keine Gans, keine Henne zu finden."

Andechs 1634

„Den 20. März übersetzten unversehens 300 schwedische Reiter den Lech bei Kaufering, und nahmen den Augsburger Kaufleuten, die nacher Landsberg auf den Markt reisten, und auch einigen Bauern ihre Pferde weg, und gingen wieder zurück."

Kaufering 1647

„Er verzählte, dass alle Nacht mehrere Wägen voller Tote aus der Stadt geführet werden, und daß in einer Woche 500 und vielleicht darüber an der Pest gestorben seien."

München 1634

Welches Schicksal erfuhren die Orte in eurer Gegend im Dreißigjährigen Krieg?

Geschichtsexperten bei der Arbeit:

1 Fragt im Archiv der Gemeinde, der Kirche oder des Heimatmuseums nach alten Aufzeichnungen, Urkunden und Stichen aus dem Dreißigjährigen Krieg. Lasst sie euch zeigen und vorlesen. Vielleicht gibt es auch noch andere Erinnerungsstücke.

2 Forscht in Sagenbüchern nach Sagen aus der Zeit des Dreißigjährigen Krieges.

3 Am Ort der Schlachten sind zum Teil noch Spuren der ehemaligen Befestigungen zu finden. Erkundigt euch beim zuständigen Heimatpfleger, ob in eurer Gegend ein Kriegsereignis stattgefunden hat. Plant einen Unterrichtsgang zum geschichtlichen Ort. Sucht nach Wällen, Aufschüttungen und Hohlwegen. Oft sind die Verteidigungsanlagen viereckig oder sternförmig. Fertigt eine Lageskizze. Informiert euch über das Geschehen.

Unsere Gegend, unser Ort in der Zeit, . . .

Ein Eisenbahnnetz entsteht
1835 fuhr die erste Eisenbahn von Nürnberg nach Fürth. Die Meinungen über das neue Verkehrsmittel waren geteilt. Die einen hatten Angst vor dem eisernen Ungetüm, die anderen begrüßten es, weil nun viele Personen und große Gütermengen schnell befördert werden konnten. Während man mit dem Pferdefuhrwerk mühsam die Ladung auf schlechten Straßen über Berg und Tal ziehen musste, rollten die von einer Lokomotive gezogenen Eisenbahnwagen in kurzer Zeit von einem Ort zum anderen. Man erkannte schnell die wirtschaftliche Bedeutung der Eisenbahn. In Bayern wurden in wenigen Jahren die wichtigsten Städte durch Eisenbahnlinien verbunden. Dies erforderte für damalige Zeiten große Eingriffe in die Natur und technisch aufwändige Bauwerke. Die Strecken durften nicht zu steil sein und führten über lange Dämme, hohe Bogenbrücken und erforderten neuartige Tunnels. So entstand im Königreich Bayern in wenigen Jahrzehnten ein dichtes Eisenbahnnetz.

Die erste deutsche Eisenbahn von Nürnberg nach Fürth 1835

Das bayerische Eisenbahnnetz 1876

Geschichtswerkstatt vor Ort

Spurensuche:

1 Viele alte Bahnstrecken wurden in den letzten Jahren stillgelegt, weil sie nicht mehr benötigt werden. Auf den nicht mehr benützten Gleisanlagen und Bahndämmen wurden Umgehungsstraßen oder schöne Rad- und Wanderwege angelegt. Entlang der ehemaligen Bahnlinie findet man oft noch alte Brücken, Bahnhofs- und Lagergebäude sowie Ausflugslokale und frühere Touristenattraktionen.

2 Gibt es in eurer Nähe eine stillgelegte Bahnstrecke? Informiert euch über ihre Geschichte und plant einen Wandertag dorthin. Sucht nach Spuren des Eisenbahnbetriebs.

3 Ein anderes lohnendes Ziel für Klassenfahrten sind Eisenbahnmuseen und Museumsbahnen. Neben alten Lokomotiven gibt es dort häufig Archive über die Geschichte der Eisenbahn. Oft lässt sich hier auch etwas über euren Heimatbahnhof herausfinden.

. . . als die Eisenbahn gebaut wurde

Regionalbahnen erschließen Bayern
Bald wollten auch kleinere Gemeinden einen Anschluss an das Eisenbahnnetz. Vor allem für die Entwicklung von Fabriken war die Eisenbahn wichtig. Nur so konnten Rohstoffe günstig herangeschafft und große Mengen an Waren weit weg in den Handel gebracht werden. Die Menschen wünschten sich einen Eisenbahnanschluss, um nicht mehr weite Fußmärsche und langsame, unbequeme Postkutschenfahrten in die nächste Stadt zu haben.
Vor über 100 Jahren gründeten deshalb vielerorts Privatleute örtliche Eisenbahngesellschaften. Diese bauten und betrieben dann so genannte Regional- oder Lokalbahnen. Der Verlauf der neuen Bahnstrecken führte meist entlang von Flussläufen zu einer größeren Stadt, in der die Bahnnebenlinie dann in eine Fernstrecke mündete. Die Eröffnung des Bahnhofs war am Ort ein wichtiges Ereignis, das mit Freude begrüßt und mit großen Erwartungen verbunden wurde.

Einweihung eines Regionalbahnhofs 1902. Gab es bei euch ein ähnliches Ereignis?

Geschichtsexperten bei der Arbeit:
Was kann man über das Ereignis einer Eisenbahnstrecken- oder Bahnhofseinweihung im Museum oder Archiv alles entdecken?

1 Alte Abbildungen – Stiche oder Fotos
Welche Gebäude standen damals? Woran sieht man, dass es sich um eine feierliche Einweihung handelt? Sind wichtige Personen zu erkennen? Wie sind sie gekleidet? Kann man den Lokomotivtyp bestimmen? ...

2 Zeitungsberichte
Gibt es Berichte vom Ablauf der Feierlichkeiten? Werden darin auch Erwartungen an das neue Verkehrsmittel erkennbar?

3 Streckenkarten – Alte Fahrpläne
Wohin fuhren die Züge? Wann und wie lange fuhren sie? Was kostete eine Fahrt?

4 Erinnerungsstücke oder Andenken
Gibt es noch Festprogramme, Festreden, Fahrkarten, Speisekarten vom Festessen, ...?

Unsere Gegend, unser Ort in der Zeit . . .

Der Zweite Weltkrieg
Als schrecklichstes Ereignis des letzten Jahrhunderts haben noch viele alte Menschen den Zweiten Weltkrieg in Erinnerung. Die Regierung Hitlers führte 1939 Deutschland in einen Krieg, der unsagbares Leid über das eigene Volk, die Länder Europas und über die ganze Welt brachte. Das furchtbare Kriegsgeschehen des Zweiten Weltkrieges dauerte sechs Jahre bis 1945. Am Ende trauerten die Völker über viele Millionen toter Soldaten und Zivilisten. Städte und Dörfer waren zerstört, die Überlebenden litten Hunger und Not. Zahlreiche Menschen mussten fliehen oder wurden aus ihrer alten Heimat vertrieben.

Bomben bringen Tod und Zerstörung
Nicht nur die Soldaten erlebten Tod und Verderben an der Front, sondern auch die Menschen daheim hatten unter dem Kriegsgeschehen zu leiden. Während deutsche Bomben auf London fielen, flogen Engländer und Amerikaner schwere Bombenangriffe auf deutsche Städte. Dadurch wurden Schäden und Feuersbrünste unvorstellbaren Ausmaßes verursacht. Hunderttausende wurden getötet. Ältere Menschen erzählen noch heute davon, dass sie, sobald die Sirenen ertönten, Keller und Luftschutzbunker aufsuchten. In drangvoller Enge hofften sie, den Bombenhagel zu überleben.

Würzburg nach einem Bombenangriff am 16. März 1945

Geschichtswerkstatt vor Ort

Spurensuche:

1 Was geschah in eurer Gegend, in eurem Ort während des Zweiten Weltkrieges? Gab es in der Nähe Städte, die bombardiert wurden? Wie verlief in deinem Heimatort das Kriegsende 1945? Informiert euch in der Ortschronik über diese Zeit. Versucht im Archiv Berichte, Fotos oder Filme zu erhalten. Befragt eure Großeltern oder Urgroßeltern zu ihren Erinnerungen. Besucht das Heimatmuseum.

2 Ende des Zweiten Weltkrieges mussten viele Deutsche ihre Heimat im östlichen Europa verlassen. Zu Fuß und mit wenigen Habseligkeiten kamen die Menschen auch nach Bayern. Hier erwartete sie ebenfalls Elend und Hunger. Viele von ihnen fanden hier in den nachfolgenden Jahren eine neue Heimat. Frage in deiner Familie nach, ob jemand eine ältere Person mit einem solchen Schicksal kennt. Befrage sie, lass dir genauer davon berichten.

So erlebten die Menschen in Bayern das Kriegsende

Während die Soldaten in fremden Ländern kämpften, spürten zunächst die Einwohner der größeren Städte die furchtbaren Auswirkungen des Bombenkrieges. Langsam wurden überall im Land die Nahrungsmittel immer knapper und reichten kaum noch zum Leben. Nachdem die deutschen Soldaten allmählich aus den besetzten Gebieten zurückgedrängt wurden, forderte man nun die Menschen daheim auf, ihre Heimatorte zu verteidigen. Selbst Kinder und alte Männer erhielten Waffen. Sie sollten in Dörfern und Städten den Feind aufhalten.

Im Frühjahr 1945 kämpften sich die Amerikaner nach Bayern vor, um den Krieg zu beenden und das Land von Hitler zu befreien. In vielen Orten wurde erbitterter Widerstand geleistet. Dadurch kamen in den letzten Kriegstagen noch viele Menschen um, ganze Dörfer wurden zerstört. Die Bevölkerung versteckte sich aus Furcht deshalb in Kellern. Mancherorts zeigten mutige Bürger durch weiße Fahnen, dass sich das Dorf oder die Stadt ergeben wollte gegen den Befehl Hitlers. Der Bürgermeister verhandelte dann und übergab den Ort in die Hand der Amerikaner. Für die Menschen war damit zwar der Krieg vorüber, aber die Not und die Sorge um die Zukunft währten noch lange.

Eine Frau erzählt, wie sie als Kind das Ende des Krieges erlebte. Sucht selbst nach Zeitzeugen!

Geschichtsexperten bei der Arbeit:

Lebende Zeitzeugen können oft geschichtliche Ereignisse anschaulich schildern. Sie erzählen und berichten immer aus eigener Sicht. Andere Personen können andere Erinnerungen an das gleiche Ereignis haben. Deshalb kann es bei mehreren Befragungen zu unterschiedlichen Ansichten über ein und dieselbe Sache kommen. Es ist daher sinnvoll, sich zusätzlich auch aus Büchern über das Ereignis zu informieren.

Tipps zur Befragung von Zeitzeugen:

1 Informiert euch zunächst über das Thema der Befragung.
2 Stellt vor dem Gespräch eine Auswahl wichtiger Fragen zusammen.
3 Fragt, ob ihr eine Tonband- oder Videoaufzeichnung von der Befragung machen dürft.
4 Unterbrecht die Zeitzeugen bei ihren Erzählungen nicht, fragt anschließend nach.
5 Bedankt euch für das Gespräch.

Wie Berge auf Landkarten dargestellt werden

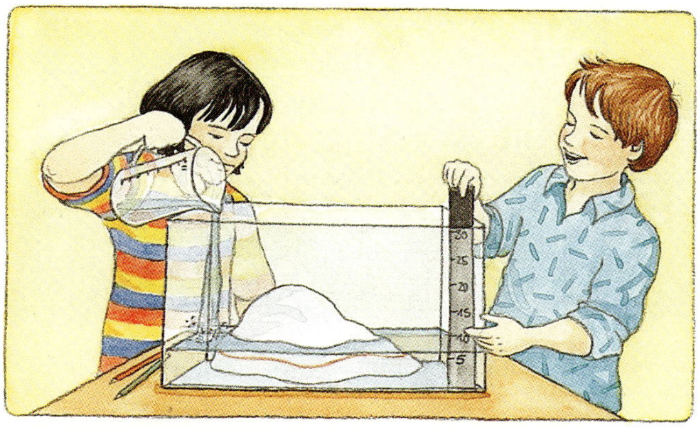

Eine Klasse hat die Umgebung des Ortes erkundet. Dabei haben sich die Kinder anhand einer Wanderkarte orientiert. Die Farben und Symbole für Gebäude, Straßen usw. konnten alle gut verstehen. Aber die Bedeutung der Linien um den Berg musste noch geklärt werden. Im Unterricht soll nun die Bedeutung dieser Linien herausgefunden werden.

Zunächst wird der Berg als Modell nachgebaut. Aus Gips und Wasser rühren die Kinder einen Brei, der auf einer festen Unterlage zu einem etwa 12 cm hohen Modellberg geformt wird. Nach dem Aushärten kommt der Gipsberg in ein leeres Aquarium. Vorsichtig wird Wasser eingefüllt. Mit einem Lineal werden die Abstände kontrolliert. In gleichen Abständen wird die Wasserzugabe unterbrochen, um an der Wassergrenze entlang Linien um den Berg zu zeichnen. Wenn das Wasser 3 cm hoch steht, wird die erste Linie eingezeichnet. Sie ist überall von der Grundfläche gleich hoch entfernt.

Dann wird erneut Wasser eingefüllt und im Abstand von 3 cm eine weitere Linie gezeichnet. Bei einer Wasserhöhe von 12 cm schaut nur noch der Gipfel des Gipsberges aus dem Wasser. Hier entsteht die vierte Linie.

Nun wird eine Plexiglasplatte über das Aquarium gelegt. Die Kinder zeichnen die Linien auf der Platte nach. Dabei achten sie darauf, dass sie genau senkrecht von oben auf den Berg schauen. Die Glasplatte legen sie jetzt auf ein weißes Blatt Papier.
Der Modellberg ist nun auf der Glasplatte so dargestellt, wie ein Berg auf der Wanderkarte. Je dichter die Linien nebeneinander liegen, desto steiler ist der Berg an dieser Stelle. Je weiter die Linien auseinander liegen, desto flacher ist der Hang.

So kann man auf der Karte Steil- und Flachhänge gut unterscheiden.

Die Kinder haben ihren Berg gezeichnet und vergleichen ihre Skizze mit der Wanderkarte. Auch hier ist der Kalkberg mit Höhenlinien dargestellt. Bei manchen Linien ist die Höhe als Zahl angegeben. Diese Höhenzahlen sagen, wie hoch die Stelle über dem Meeresspiegel liegt. Der Meeresspiegel ist mit null Metern festgelegt.

1 Wie hoch ist der Kalkberg und an welcher Stelle ist er am steilsten?

Siedlungsfläche
Antennenanlage
Straße
Fußweg
Brücke
100 m Höhenlinie
0 100 200 300 m

Die Höhen können auch durch Höhenfarben dargestellt werden. Die Bedeutung der Farben kann man aus der Legende ablesen.

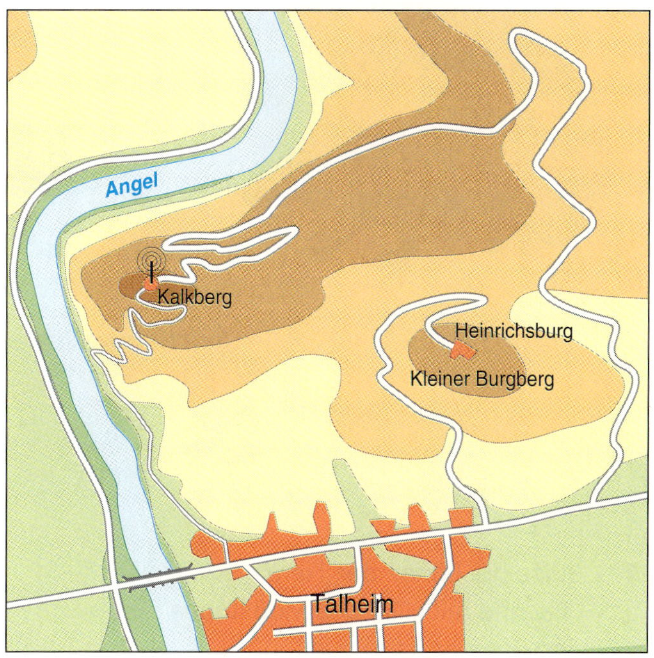

2 In welcher Höhe liegt der Ort „Talheim“?

3 Auf welchen Wegen kann der Gipfel erreicht werden? Nenne Vor- und Nachteile der Wege.

4 Vergleiche die Karte mit der Abbildung oben auf Seite 72.

über 500 m
300 – 500 m
200 – 300 m
100 – 200 m
50 – 100 m
unter 50 m
Siedlungsfläche
Antennenanlage
Straße
Fußweg
Brücke
0 100 200 300 m

Mit dem Maßstab arbeiten

Das Fell des Tieres ist so abgebildet, als würden wir direkt davor stehen. Die Größe der abgebildeten Haare entspricht genau der Größe, die sie in der Natur haben.
Das heißt: 1 cm auf diesem Foto entspricht 1 cm in der Wirklichkeit. Wir sagen dann, die Fellhaare sind im Maßstab eins zu eins (1:1) abgebildet.

1 Was kannst du auf diesem Foto erkennen?

Um mehr von dem Tier auf einem Foto zeigen zu können, muss das Tier verkleinert abgebildet werden. Es ist hier zehnmal kleiner dargestellt als auf dem Foto oben. 1 cm auf diesem Bild entspricht 10 cm in der Wirklichkeit. Der Maßstab der Abbildung ist 1:10.

2 Welche Teile des Tieres kannst du hier erkennen?

Möchte man nun ein großes Tier mit allen Körperteilen abbilden, muss man es sehr verkleinert darstellen.
Damit wir das Zebra vollständig betrachten können, wurde es auf diesem Foto fünfzigmal verkleinert abgebildet. Der Maßstab der Abbildung ist nun 1:50, das heißt: 1 cm auf dem Foto entspricht 50 cm in der Wirklichkeit.

3 Was haben die drei Fotos gemeinsam? Wodurch unterscheiden sie sich?

1:5

1:3

1:2

1:25

1:50

1 Miss die Länge der Tiere. Rechne mit Hilfe des Maßstabes ihre Körperlänge aus.

Auch auf der Landkarte wird alles sehr verkleinert dargestellt.
So ist es möglich, ein Land, eine Stadt oder eine Landschaft aus der Sicht von oben darzustellen. Hier sind drei Karten von einer Stadt in verschiedenen Verkleinerungen abgebildet.
Die Karten haben die Maßstäbe 1:5 000, 1:10 000 und 1:25 000. Eine Karte zeigt viele Einzelheiten, eine andere einen besseren Überblick über die Umgebung.

Die erste Karte hat den Maßstab 1:5 000, das heißt: 1 cm auf dieser Karte entspricht 5 000 cm (50 m) in der Wirklichkeit.

1 Finde heraus, wie lang der Weg vom Freibad bis zum Denkmal in der Kölner Straße ist.

So gehst du vor:

a) Miss die Strecke vom Freibad bis zur Kölner Straße mit dem Lineal.

b) Multipliziere das Ergebnis mit dem vorgegebenen Maßstab. So erhältst du die Länge der Strecke in Zentimetern.

c) Um die Länge der Strecke in Metern zu benennen, nimmst du nun folgende Rechnung vor: Länge der Strecke in Zentimetern : 100 = Länge der Strecke in Metern.

2 Miss die vorgegebene Strecke auf der Karte in der Mitte. Beachte nun den Maßstab 1:10 000 und verfahre so wie bei der ersten Aufgabe.

3 Hier siehst du die Karte im Maßstab 1:25 000. Die Landschaft wurde nun sehr verkleinert dargestellt. Miss auch hier den in der Karte vorgegebenen Streckenabschnitt vom Freibad bis zur Kölner Straße und berechne die Länge des Weges.

4 Vergleiche nun alle drei Ergebnisse miteinander. Was fällt dir auf?

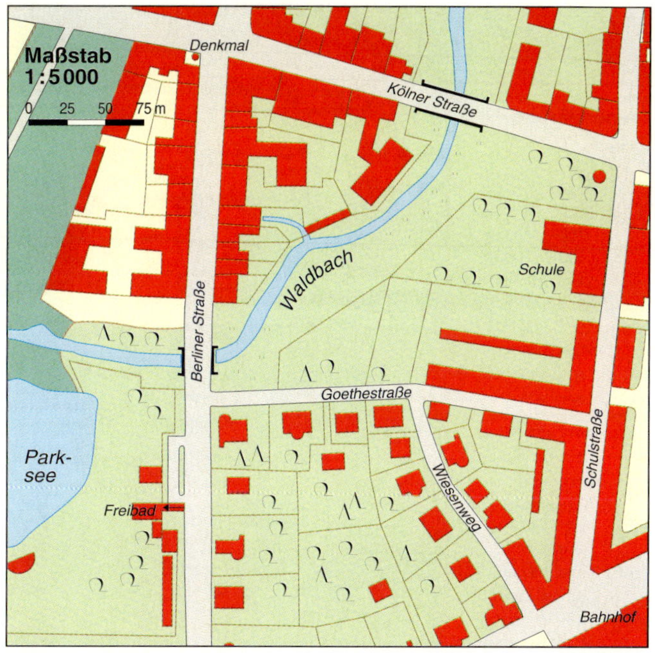

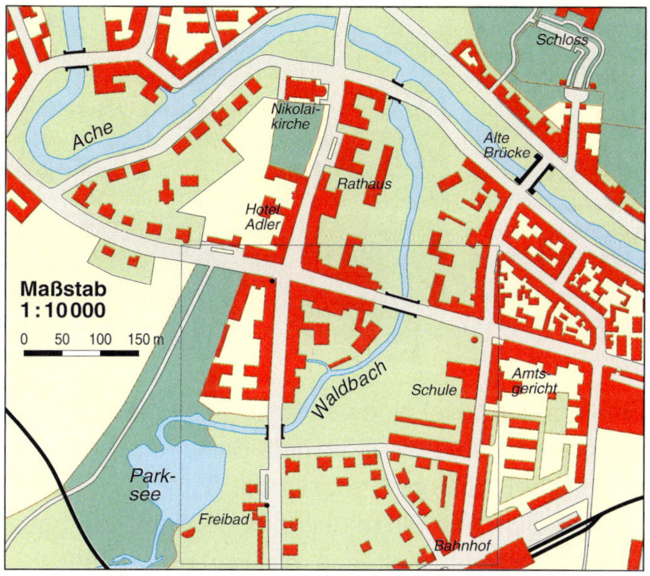

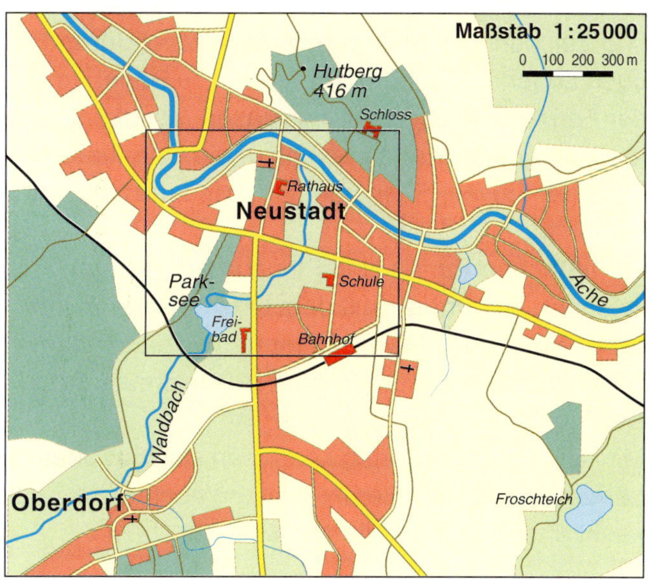

Karten lesen und verstehen

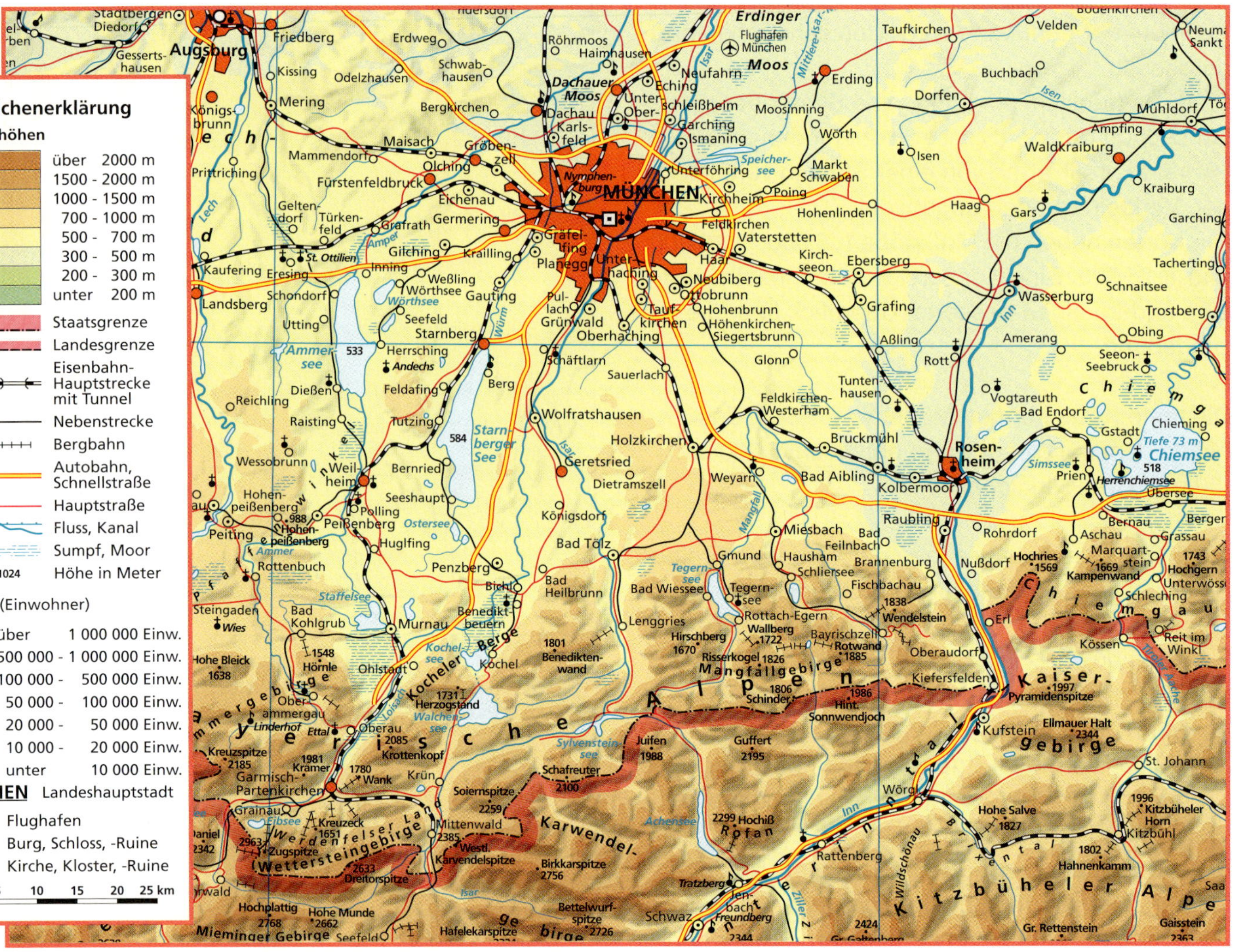

Eine Landkarte ist eine verkleinerte, nur auf einer Ebene dargestellte Landschaft. Sie wird aus der Vogelschau von oben gezeichnet.
Es sind nicht alle Einzelheiten abgebildet. Zur besseren Übersicht ist alles vereinfacht dargestellt. Anstelle der wirklichen Landschaft stehen Farben und Zeichen (Symbole). In der Zeichenerklärung, auch Legende genannt, kann man die Bedeutung der Farben und Symbole nachlesen. Zusatzinformationen in der Karte erleichtern die Orientierung: Gebirge, Flüsse, Seen oder Orte sind mit Namen versehen.
Auf manchen Karten sind Planquadrate eingezeichnet. Zusammen mit dem Ortsregister lassen sich Orte, Flüsse usw. leichter und gezielt finden. Landkarten sind in der Regel so gezeichnet, dass Norden oben und Süden unten ist.
Mit Hilfe von Landkarten kann man sich gut über Landschaften informieren, die man noch nicht kennt und vielleicht besuchen will.

Auf dieser Karte sieht man das Voralpenland und die Großstadt München. Im Süden schließt sich ein Teil der Alpen an. Hohe Berge und tiefe Täler kennzeichnen dieses Hochgebirge. In den Alpen entspringen Flüsse, die Seen speisen.

1 Die Isar fließt durch München. Verfolge ihren Lauf flussaufwärts. Durch welche Orte fließt sie?

2 In der Karte sind einige der höchsten Berge Deutschlands eingezeichnet. Nenne ihre Namen und ihre Höhe.

3 Sucht auf der Karte nach Sehenswürdigkeiten. Besorgt euch weitere Informationen über Reisebüros oder über das Internet.

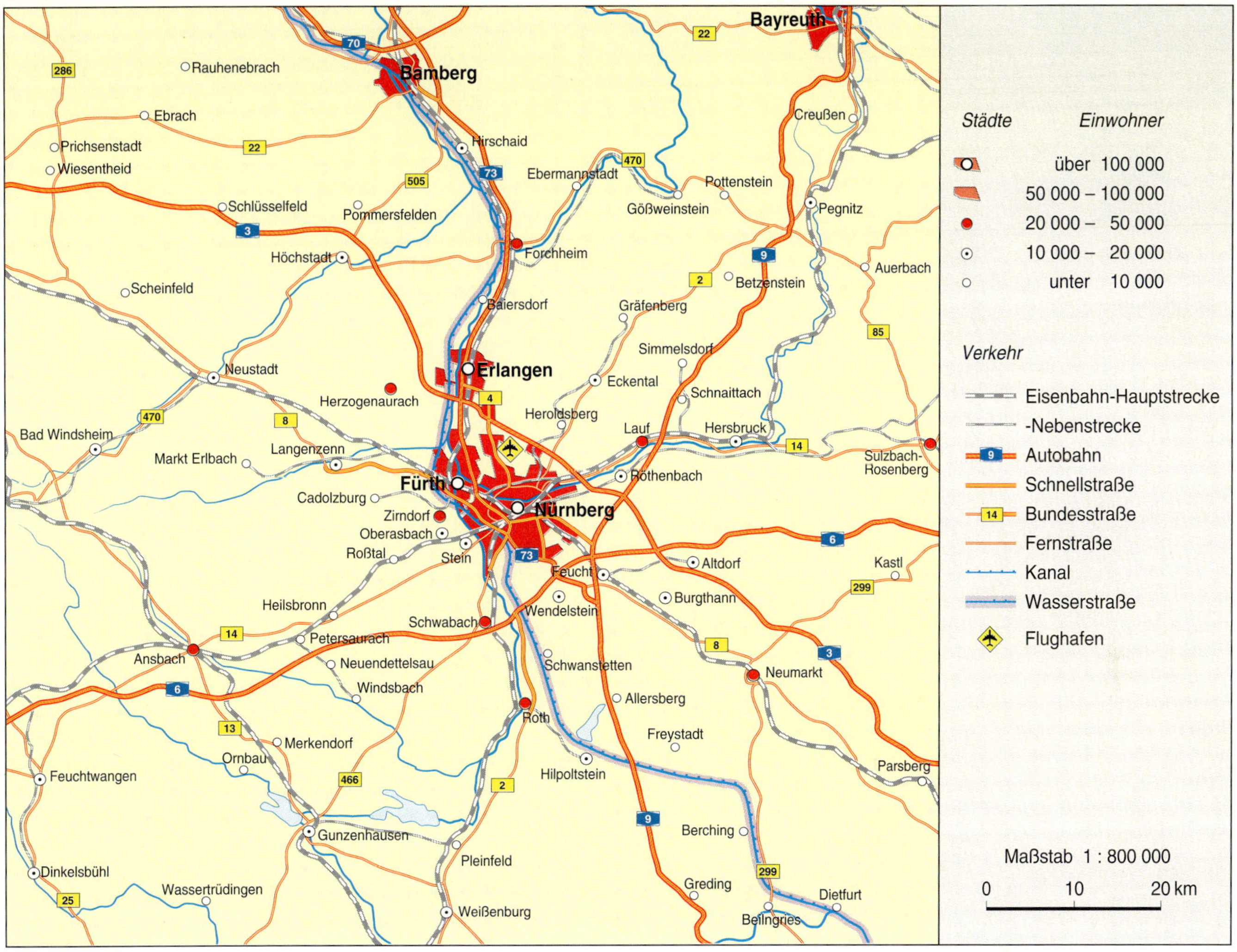

Viele Städte in Bayern sind im Laufe der Zeit sehr gewachsen. Häuser und Straßen wurden gebaut. Geschäfte und Fabriken siedelten sich an. Neue Arbeitsplätze entstanden, immer mehr Menschen zogen dorthin.
In großen Städten wie München ballen sich viele Menschen, Häuser, Straßen, Geschäfte und Fabriken auf engem Raum. Deshalb werden solche Städte auch Ballungsräume genannt. In den Ballungsräumen werden große Mengen an Waren hergestellt, ab- und antransportiert oder verbraucht. Rund um die Uhr sind Menschen auf den Verkehrswegen unterwegs. Sie transportieren Waren, z. B. Lebensmittel zum Supermarkt, oder sind einfach auf dem Weg zum Arbeitsplatz oder verreisen. In Bayern gibt es verschiedene Verkehrswege: Straßen, Eisenbahnstrecken, Flüsse, Kanäle und Luftwege. Durch die Verkehrswege sind die Städte miteinander und mit dem Umland verbunden. Dort, wo sich viele Verkehrswege kreuzen, spricht man von einem Verkehrsknotenpunkt.

Auf der Verkehrskarte oben ist der Ballungsraum Nürnberg-Fürth-Erlangen abgebildet. Die Karte enthält Informationen über die Verkehrswege und die Lage der Städte und ihre Einwohnerzahlen. Andere Informationen über diesen Raum wie die Landhöhen, Gewässer oder Sehenswürdigkeiten fehlen. Sie wurden bewusst weggelassen, da nur das Thema Verkehr dargestellt werden soll. Verkehrskarten oder andere Karten, die sich auf ein Thema beschränken, werden deshalb als thematische Karten bezeichnet.
Im Alltag werden häufig thematische Karten benutzt: Straßenkarten für Autofahrer oder Freizeitkarten und Wanderkarten für Touristen.

1 Zähle Verkehrswege auf und nenne die entsprechenden Verkehrsmittel.

2 Der Ballungsraum Nürnberg-Fürth-Erlangen ist ein Verkehrsknotenpunkt. Welche Verkehrswege treffen dort zusammen?

Südbayern

Zeichenerklärung
Landhöhen
über 2000 m
1500 - 2000 m
1000 - 1500 m
700 - 1000 m
500 - 700 m
300 - 500 m
200 - 300 m
unter 200 m
Staatsgrenze
Landesgrenze
Eisenbahn-Hauptstrecke mit Tunnel
Nebenstrecke
Bergbahn
Autobahn, Schnellstraße
Hauptstraße
Fluss, Kanal
Sumpf, Moor
•1024 Höhe in Meter
Orte (Einwohner)
über 1 000 000 Einw.
500 000 - 1 000 000 Einw.
100 000 - 500 000 Einw.
50 000 - 100 000 Einw.
20 000 - 50 000 Einw.
10 000 - 20 000 Einw.
unter 10 000 Einw.
MÜNCHEN Landeshauptstadt
Flughafen
Burg, Schloss, -Ruine
Kirche, Kloster, -Ruine
0 5 10 15 20 25 km
Heilbronn
Schwäbisch Hall
Crailsheim
Ellwangen
Aalen
Schwäbisch Gmünd
Göppingen
Heidenheim
Nördlingen
Donauwörth
Ries
Frankenhöhe
Härtsfeld
Albuch
Schwäbische Alb
Ulm
Neu-Ulm
Augsburg
Lechfeld
Donauried
Donaumoos
Oberschwaben
Memmingen
Kempten
Kaufbeuren
Biberach
Ravensburg
Friedrichshafen
Konstanz
Bodensee
Lindau
Bregenz
St. Gallen
SCHWEIZ
Appenzeller Alpen
Bregenzerwald
Allgäuer Alpen
Lechtaler Alpen
Wettersteingebirge
Ammergebirge
Zugspitze 2963
Garmisch-Partenkirchen
Landsberg
Buchloe
Neuburg
Donau
Lech
Iller

Regensburg
Landshut
MÜNCHEN
Passau
Salzburg
Rosenheim
Straubing
Deggendorf
Freising
Erding
Dingolfing
Landau
Plattling
Kelheim
Cham
Mühldorf
Altötting
Burghausen
Braunau
Traunstein
Bad Reichenhall
Berchtesgaden
Hallein
Kufstein
Kitzbühel
Wörgl
Schwaz
Saalfelden
Bischofshofen
Radstadt
Schladming
Bad Ischl
Gmunden
Vöcklabruck
Ried
Schärding
Eggenfelden
Pfarrkirchen
Vilshofen
Bayerischer Wald
Böhmerwald
TSCHECHIEN
Gäuboden (Dungau)
Hallertau
Innviertel
Sauwald
Hausruck
Rottal
Chiemgau
Chiemsee
Rupertigau
Chiemgauer Alpen
Berchtesgadener Alpen
Kaisergebirge
Salzburger Kalkalpen
Tennengebirge
Dachstein
Salzkammergut
Osterhorngruppe
Tennengau
Pongau
Pinzgau
Kitzbüheler Alpen
Niedere Tauern
Schladminger Tauern
Radstädter Tauern
Höllengebirge
Attersee (Kammersee)
Traunsee
Mondsee
Wolfgangsee
Donau
Inn
Isar
Salzach
Vils
Rott
Erdinger Moos
Kobernaußer Wald
Steinernes Meer
Leoganger Steinberge
Loferer Steinberge
Zillertal
Alpen
ÖSTERREICH

Nordbayern

Vogelsberg
Fulda
Rhön
Spessart
Odenwald
Bauland
Tauber
Thüringer Wald
Meiningen
Coburg
Bad Neustadt
Bad Kissingen
Schweinfurt
Grabfeld
Haßberge
Steigerwald
Bamberg
Erlangen
Fürth
Nürnberg
Würzburg
Aschaffenburg
Hanau
Ochsenfurter Gäu
Kitzingen
Bad Mergentheim
Rothenburg o. d. Tauber
Frankenhöhe
Ansbach
Rangau
Schwabach
Hohenloher Ebene
Heilbronn
Schwäbisch Hall
Crailsheim
Dinkelsbühl
Gunzenhausen
Altmühlsee
Brombachsee
Ellwangen
Aalen
Ries
Nördlingen
Härtsfeld
Heidenheim
Schwäbisch Gmünd
Göppingen
Albuch
Ludwigsburg
Waiblingen
Esslingen
STUTTGART
Sindelfingen
Böblingen
Tübingen
Reutlingen
Schönbuch
Donauwörth
Donauried
Weißenburg
Eichstätt
Frankenalb
Lauda-Königshofen
Mosbach
Eberbach
Wertheim
Miltenberg
Gemünden
Hammelburg
Lohr
Haßfurt
Zeil
Forchheim
Neustadt
Bad Windsheim
Feuchtwangen
Treuchtlingen
Lauingen
Dillingen

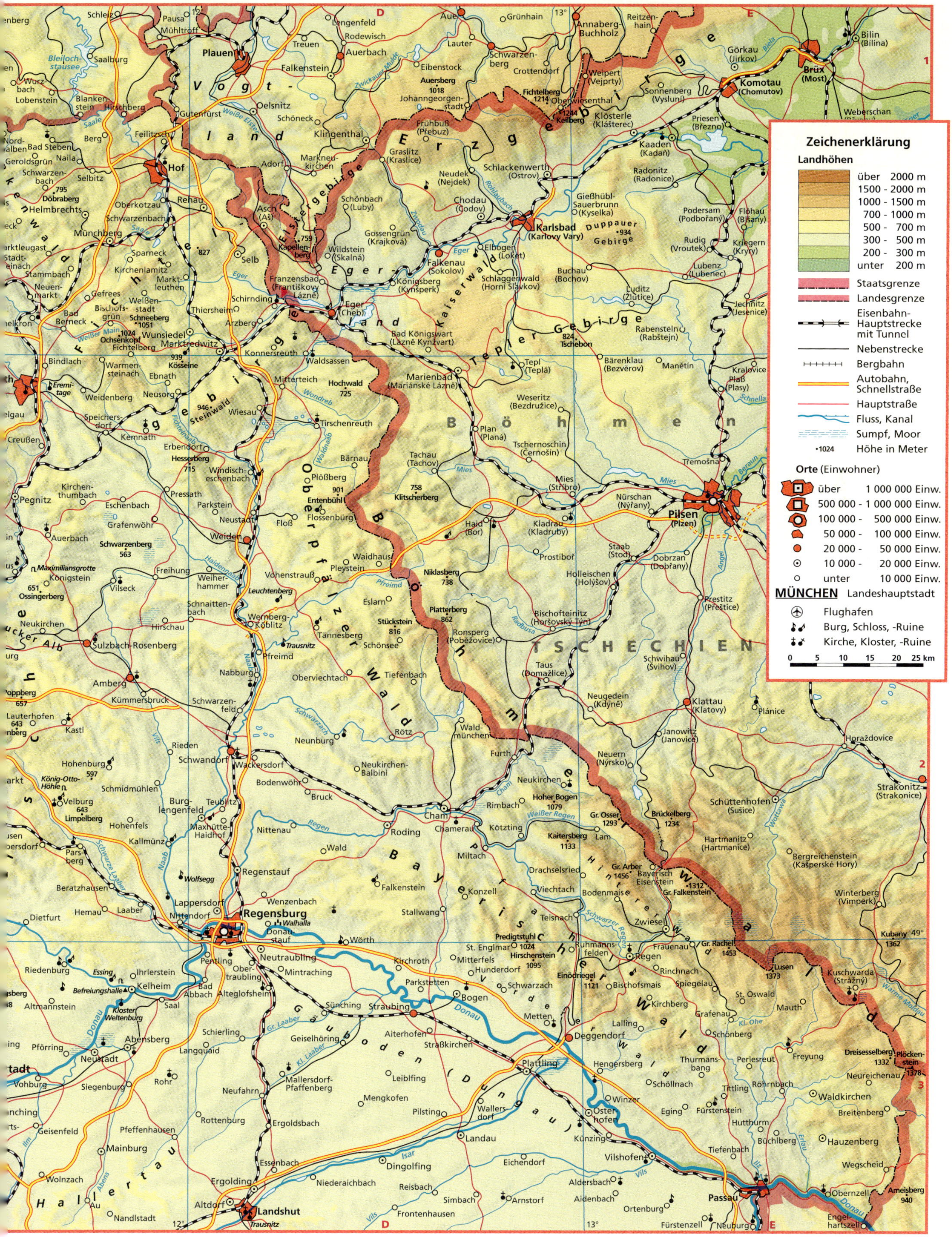
Zeichenerklärung
Landhöhen
über 2000 m
1500 - 2000 m
1000 - 1500 m
700 - 1000 m
500 - 700 m
300 - 500 m
200 - 300 m
unter 200 m
Staatsgrenze
Landesgrenze
Eisenbahn-Hauptstrecke mit Tunnel
Nebenstrecke
Bergbahn
Autobahn, Schnellstraße
Hauptstraße
Fluss, Kanal
Sumpf, Moor
•1024 Höhe in Meter
Orte (Einwohner)
über 1 000 000 Einw.
500 000 - 1 000 000 Einw.
100 000 - 500 000 Einw.
50 000 - 100 000 Einw.
20 000 - 50 000 Einw.
10 000 - 20 000 Einw.
unter 10 000 Einw.
MÜNCHEN Landeshauptstadt
Flughafen
Burg, Schloss, -Ruine
Kirche, Kloster, -Ruine
0 5 10 15 20 25 km
Vogtland
Erzgebirge
Elstergebirge
Fichtelgebirge
Oberpfälzer Wald
Böhmerwald
Bayerischer Wald
Hinterer Wald
Gäuboden (Dungau)
Hallertau
Böhmen
TSCHECHIEN
Tepler Gebirge
Kaiserwald
Duppauer Gebirge
Plauen
Hof
Karlsbad (Karlovy Vary)
Eger (Cheb)
Marienbad (Mariánské Lázně)
Pilsen (Plzeň)
Komotau (Chomutov)
Brüx (Most)
Klattau (Klatovy)
Weiden
Amberg
Regensburg
Straubing
Deggendorf
Landshut
Passau
Kelheim
Cham
Marktredwitz
Selb
Wunsiedel
Tirschenreuth
Sulzbach-Rosenberg
Schwandorf
Plattling
Vilshofen
Landau
Dingolfing
Fichtelberg 1214
Keilberg 1244
Schneeberg 1051
Ochsenkopf 1024
Gr. Arber 1456
Gr. Rachel 1453
Lusen 1373
Dreisesselberg 1332
Plöckenstein 1378
Donau
Eger
Naab
Regen
Isar
Vils
Moldau
D
E
1
2
3
12°
13°
49°

Nordsee
Ostsee
DÄNEMARK
Flensburg
Nordfriesland
Fehmarn
Rügen
Stralsund
Helgoland
Kiel
Rostock
Lübeck
Schwerin
Mecklenburgische Seenplatte
Neubrandenburg
Stettin
Hamburg
Ostfriesland
Emden
Bremerhaven
Groningen
Oldenburg
Bremen
Lüneburger Heide
Elbe
Prignitz
Havel
POL
Wittenberge
NIEDERLANDE
Altmark
Oder
Oderbruch
Weser
Aller
Stendal
Berlin
Potsdam
Mittellandkanal
Hannover
Frankfurt/O
Enschede
Osnabrück
Teutoburger Wald
Braunschweig
Leine
Hildesheim
Magdeburg
Weserbergland
Fläming
Ems
Bielefeld
Münster
Münsterland
Börde
Spree
Dessau
Cottbus
Rhein
Lippe
Paderborn
Harz
Hamm
Mulde
Maas
Duisburg
Essen
Dortmund
Ruhr
Göttingen
Halle
Krefeld
Hagen
Kassel
Leipzig
Wuppertal
Rothaargebirge
Hessisches
Bergland
Thüringer Becken
Düsseldorf
Dresden
Elbsandsteingebirge
Erfurt
Jena
Gera
Chemnitz
Köln
Sieg
Aachen
Marburg
Werra
Zwickau
Bonn
Westerwald
Thüringer Wald
Saale
Vogelsberg
Fulda
Suhl
Plauen
Erzgebirge
BELGIEN
Rheinisches Schiefergebirge
Lahn
Rhön
Eger
Koblenz
Frankenwald
Hof
Eifel
Taunus
Frankfurt/M
Fichtelgebirge
Prag
Wiesbaden
Spessart
Main
Mainz
LUXEMBURG
Mosel
Darmstadt
Würzburg
Bamberg
Trier
Hunsrück
Odenwald
Pilsen
TSCHECH
Mannheim
Heidelberg
Oberpfälzer Wald
Kaiserslautern
Fürth
Nürnberg
Ludwigshafen
Fränkische Alb
Saarbrücken
Pfälzerwald
Stufenland
Böhmerwald
Heilbronn
Schwäbisch-Fränkisches
Regensburg
Bayerischer Wald
Karlsruhe
FRANKREICH
Pforzheim
Stuttgart
Ingolstadt
Nancy
Straßburg
Rhein
Neckar
Dorau
Isar
Passau
Schwäbische Alb
Schwarzwald
Ulm
Augsburg
Alpenvorland
Linz
Inn
Iller
Lech
München
ÖSTERREICH
Freiburg
Salzburg
Kempten
Allgäu
Bodensee
Alpen
Basel
SCHWEIZ
Konstanz
Zürich
Innsbruck
Städte Einwohner
über 1 000 000
500 000 – 1 000 000
100 000 – 500 000
unter 100 000
Höhenstufen
über 2000 m
1500 – 2000 m
1000 – 1500 m
700 – 1000 m
500 – 700 m
300 – 500 m
200 – 300 m
100 – 200 m
0 – 100 m
unter 0 m
Maßstab 1 : 3 Mio.
0 25 50 km

Politische Karte Europas

Auf dem Kontinent Europa leben etwa 679 Millionen Menschen in über 40 Staaten.

Bis zum Jahr 2001 haben sich davon insgesamt 15 Staaten zur Europäischen Union (EU) zusammengeschlossen. Weitere Staaten werden folgen.

1. Wie heißen die Nachbarländer von Deutschland?
2. Nenne die Mitgliedsstaaten der Europäischen Union.
3. Welche Länder hast du auf einer Reise oder im Urlaub schon selbst kennen gelernt?

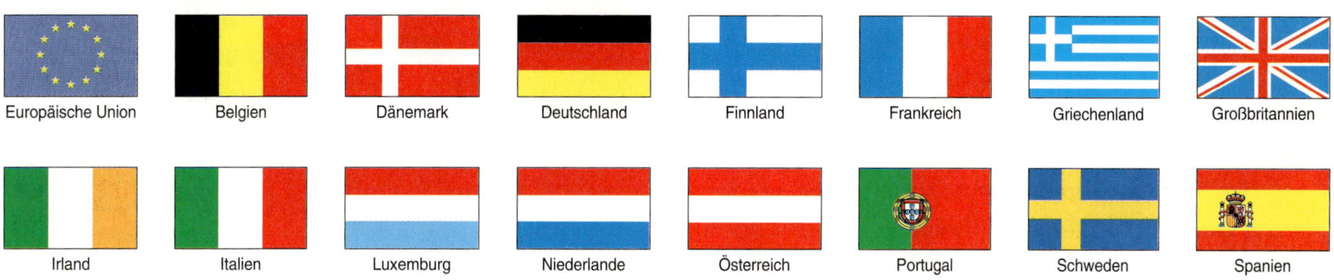

Naturraum und Verkehrswege

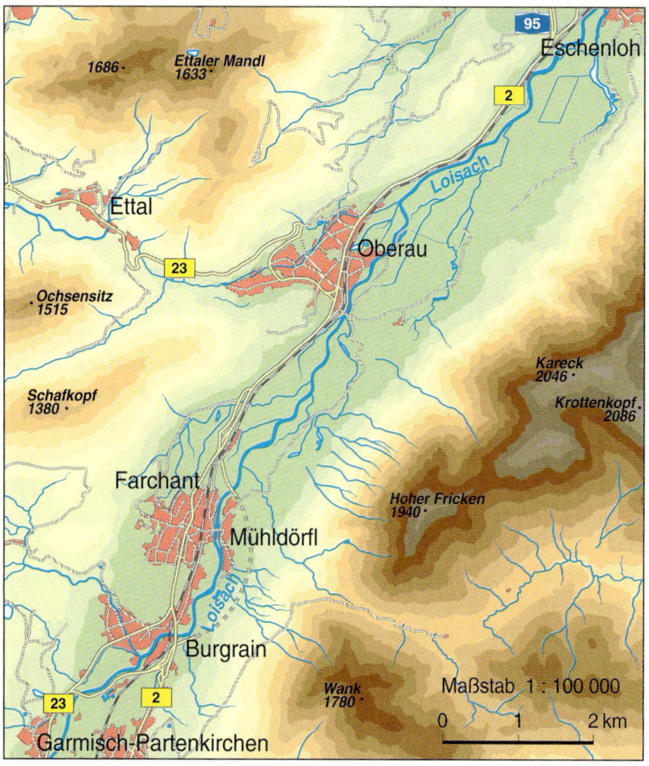

Bevor es die modernen Verkehrsmittel wie das Auto oder die Eisenbahn gab, war das Reisen sehr beschwerlich. Wenn der Weg durch ein Gebirge führte und Steigungen zu überwinden waren, kamen die Reisenden nur langsam voran. Menschen und Zugtiere brauchten oft Erholungspausen.

Um die Strapazen so gering wie möglich zu halten, wurden die Täler als Verkehrswege genutzt. Dort ging es nicht ständig steil bergauf und bergab. Die ebenen Wege waren für die Fuhrwerke mit ihren Zugtieren leichter zu befahren. So wählten die Menschen die oft längeren Wege durch die Täler statt der kürzeren steileren Wege, die direkt über die Gebirge führten. Wenn im Tal ein Fluss vorhanden war, wurden die Waren auch auf Booten oder Schiffen transportiert.

So verbanden die Täler verschiedene Landschaften. Wichtige Verkehrswege entlang der Täler wurden schon im Mittelalter zu Fernhandelswegen ausgebaut. Später wurden auch die Eisenbahnstrecken in den Tälern gebaut, weil Züge nur Strecken mit geringen Steigungen überwinden können. Schon seit langer Zeit durchqueren Reisende entlang der Täler die Alpen. Der Kartenausschnitt zeigt das Loisachtal in den Alpen.

1 Zähle die Verkehrswege auf, die im Loisachtal zu finden sind.

2 Finde andere Täler mit unterschiedlichen Verkehrswegen auf den Karten auf den Seiten 78–81.

Übrigens:

Die neuen Eisenbahnstrecken für den Hochgeschwindigkeitszug ICE orientieren sich nicht mehr an den naturräumlichen Gegebenheiten. Um mit 250 km/h fahren zu können und Fahrzeit zu sparen, mussten viele Tunnel und Bahndämme mit hohen Kosten gebaut werden. Dies bedeutete auch einen starken Eingriff in die Landschaft und Zerstörung von Naturräumen.

Auch die Fernstraßen und Autobahnen, die heute gebaut werden, richten sich meist nicht mehr nach den natürlichen Landschaftsformen.

Naturraum und Siedlungen

Im Mittelalter gab es keine oder nur sehr wenige Brücken. Die Flüsse wurden deshalb an flachen Stellen, den Furten, überquert. Weil bei Hochwasser das Überqueren nicht möglich war oder Waren erst umgeladen werden mussten, lagerten an Furten häufig Kaufleute und andere Reisende. Aus diesen Lagerplätzen entwickelten sich allmählich Siedlungen, wo Reisende Unterkunft und Verpflegung erhalten konnten. Die Siedlungen lagen auf den höher gelegenen Talterrassen, da die Talaue am Fluss häufig überschwemmt wurde. Oft schützte eine nahe gelegene Burg die Siedlung vor Räubern.
Wenn wichtige Handelswege an einer Siedlung vorbeiführten oder mehrere Handelswege sich dort kreuzten, entstanden oft große Städte. Es wurde eine Brücke über den Fluss gebaut. Zahlreiche große Häuser, ein Rathaus, ein Marktplatz und eine hohe Stadtmauer entstanden. Kaufleute und Handwerker machten gute Geschäfte.
So entwickelten sich viele Städte immer weiter. Vor etwa 150 Jahren wurden dann die ersten Eisenbahnstrecken und Fabriken gebaut. Nun wuchsen die Städte sehr rasch. Die neuen Stadtteile entstanden auch an steileren Hängen oder in Talauen. Um sie vor Überschwemmungen zu schützen, wurden die Flussufer erhöht und befestigt.

1 Forscht nach, wie euer Heimatort entstanden ist.

2 Findet auf den beiden Bayern-Karten und auf der Deutschlandkarte Großstädte, die im Tal an einem Fluss liegen. Achtet auf Städte, die mit -furt enden.

Übrigens:

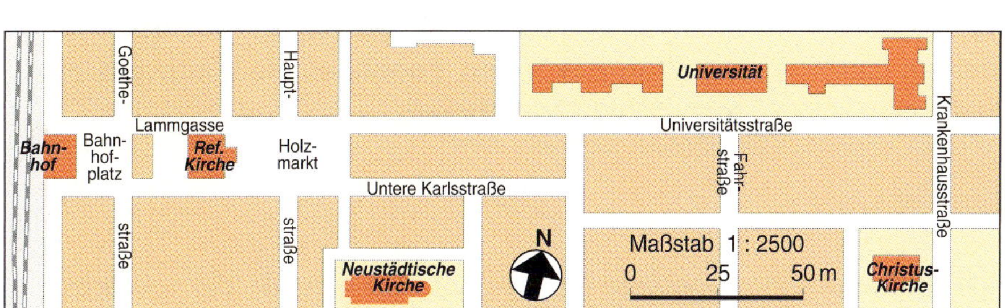

Es gibt auch Orte, die sich nicht nach und nach entwickelten, sondern genau geplant wurden. So ist z. B. ein Teil der Stadt Erlangen auf dem Reißbrett entstanden. Der Ausschnitt aus dem Stadtplan zeigt die Anordnung der Häuser und Straßen.

Naturraum und Landwirtschaft

Zuckerrübenernte

Getreideernte

Die Gaulandschaften sind von Hügeln und Mittelgebirgen umschlossen. Sie gehören zu den fruchtbarsten Gebieten Bayerns. Hier ist es wärmer und es regnet meist weniger als in den umliegenden Gebieten. In den Gaulandschaften gibt es fruchtbare Böden. Der gute Boden und das milde Klima bieten für die Landwirtschaft die besten Voraussetzungen. Neben Weizen und Raps gedeihen hier sogar die anspruchsvollen Zuckerrüben.

Auch andere Landschaften Bayerns werden landwirtschaftlich genutzt. Hier wachsen Roggen, Gerste, Hafer, Mais und Hackfrüchte. Wenn der Boden nicht genügend Nährstoffe enthält, düngen die Landwirte, um den Ernteertrag zu steigern.
Heute werden überall in der Landwirtschaft Maschinen eingesetzt. Um große Flächen bewirtschaften zu können, benötigen die Landwirte leistungsfähige Maschinen.

Übrigens:

In der Nähe von Großstädten entstanden oft auch Anbaugebiete für Gemüse. So konnten die verderblichen Waren schnell und auf kurzen Wegen zum Verbraucher gelangen.

Hochgebirgslandschaften wie die Berghänge in den Alpen sind wegen des rauen Klimas für den Getreideanbau nicht geeignet. Es gibt lange Winter und kurze Sommer. Für viele Pflanzen reicht die Zeit nicht aus, um zu reifen. Auch die dünne Bodenschicht verhindert gutes Pflanzenwachstum.

Auf den Bergen gibt es kräuterreiche Almwiesen. Dort weiden gerne Kühe, Schafe und Ziegen. Den Sommer verbringen die Tiere auf den Almen. Im Winter sind sie in den Ställen im Tal untergebracht.

Weinreben stellen an das Klima und an den Boden besondere Ansprüche. Sie benötigen viel Sonne, wenig Regen und nicht zu kalte Winter. In den tief liegenden Tälern des Mains und seiner Nebenflüsse ist es wärmer als in den höher liegenden Gebieten. Die kalten Winde wehen über die Täler hinweg. So bietet diese Landschaft für den Weinbau gute Bedingungen.
Am besten wachsen die Reben an den Talhängen, die nach Westen und Süden geneigt sind. Dort erhalten sie viel Sonneneinstrahlung.

1 Informiert euch über die Landwirtschaft in eurer Umgebung und befragt Landwirte.

Papier aus Altpapier

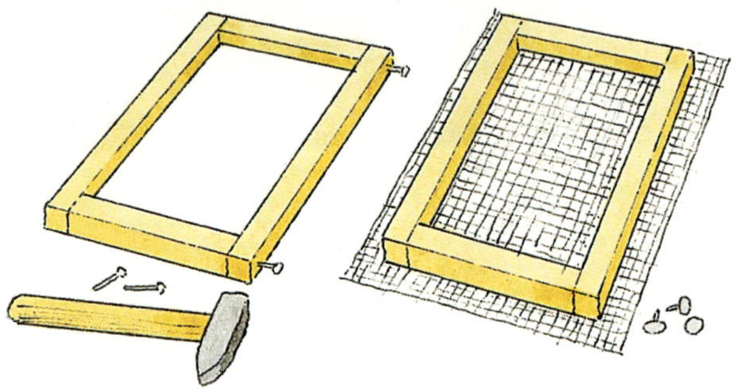

Formrahmen und Siebrahmen lassen sich aus Weichholzstäben bauen. Ihr könnt stattdessen auch zwei fertige Bilderrahmen verwenden. Der Siebrahmen wird mit Fliegengitter bespannt. Dies ist leicht mit Reißbrettstiften am Holz zu befestigen.

Am Tag vor der Papierherstellung

1 In jeder Gruppe werden vier Doppelseiten einer Zeitung in möglichst kleine Stücke zerrissen.

2 Die Papierschnipsel werden auf die beiden Messbecher gleichmäßig verteilt.

3 Nachdem die beiden Becher zur Hälfte mit Wasser gefüllt sind, werden die Papierstückchen gut umgerührt.

Papierherstellung am nächsten Tag

4 Zerkleinert das eingeweichte Papier gründlich mit dem Handmixer.

5 Schüttet den dickflüssigen Papierbrei in die Spülschüssel und füllt mit zehn Liter Wasser auf. Ihr rührt mit einem Holzlöffel, bis eine gleichmäßig dünne Flüssigkeit entstanden ist.

6 Legt den Formrahmen auf den Siebrahmen. Jetzt habt ihr ein Schöpfsieb.

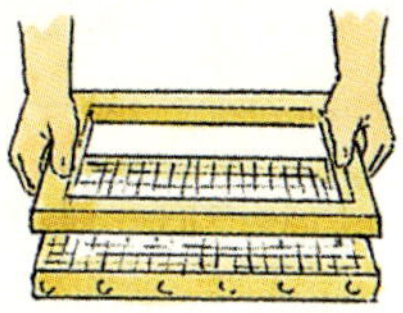

7 Haltet es fest zusammen und taucht es bis auf den Boden der Schüssel ein.

8 Wenn sich die Flüssigkeit beruhigt hat, hebt ihr das Schöpfsieb waagerecht heraus.

9 Setzt das Schöpfsieb auf der Schüssel ab. Das Wasser muss gut abtropfen.

10 Ihr nehmt den Formrahmen weg und bedeckt das Sieb mit einem Baumwolltuch.

11 Legt ein Handtuch über das Baumwolltuch. Greift das Sieb mit dem Handtuch und legt es umgedreht auf den Tisch.

12 Drückt das Handtuch auf das Sieb und saugt Wasser auf.

13 Nehmt das Sieb ab.

14 Vorsichtig könnt ihr jetzt das feuchte Papier vom Baumwolltuch abheben.

15 Legt das Papier zum Trocknen auf eine glatte Fläche.

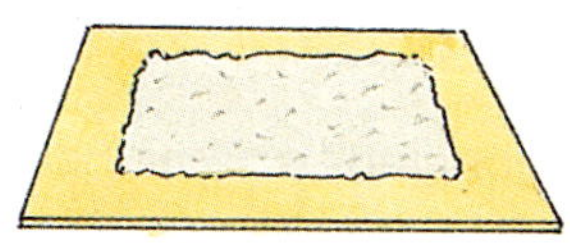

16 Faltet die trockenen Blätter in der Mitte und legt mehrere ineinander. Näht die Blätter in der Falte zusammen und verknotet den Faden. Gestaltet den Umschlag eures Buches.

Zinngießen

Ihr braucht:

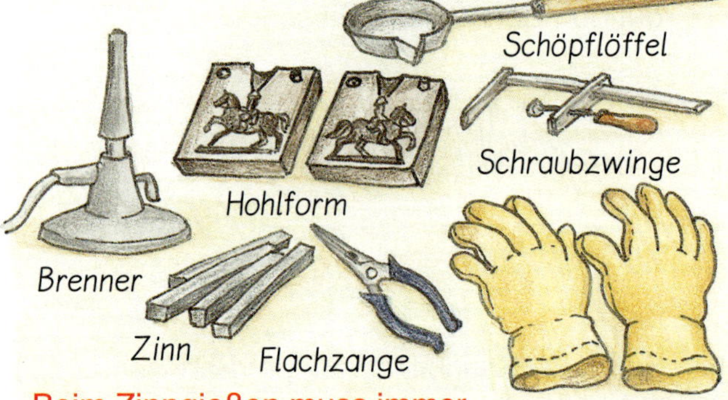

Beim Zinngießen muss immer ein Erwachsener dabei sein!

① Erhitzen des Zinns

Das Zinn wird in einem hitzebeständigen Schöpflöffel erhitzt, bis ein in das flüssige Zinn getauchtes Holzstäbchen raucht.

② Formen des Zinns

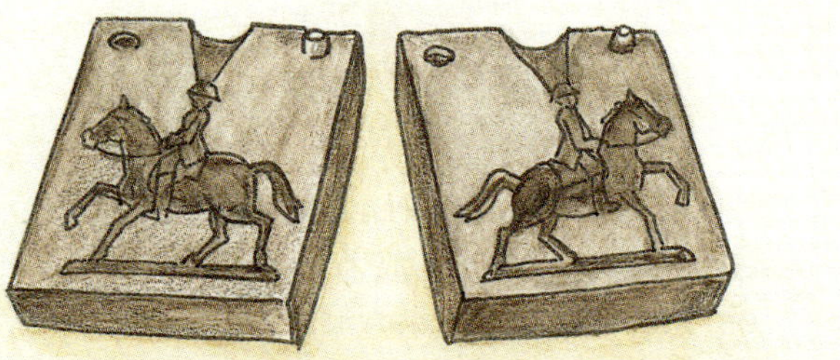

Um dem flüssigen Zinn die gewünschte Form zu geben, kann man selbst Hohlformen z. B. aus Gips herstellen oder auch gekaufte Formen verwenden.

③ Gießen des Zinns

Die Hohlform wird mit Talkum ausgepudert. Dann muss das flüssige Zinn zügig in die Form gegossen werden, da das Zinn rasch erkaltet.

④ Erkalten des Zinns

Die Form muss gut abkühlen. Erst dann wird sie vorsichtig geöffnet.

⑤ Gegossene Zinnfigur

Mit einer kleinen Flachzange wird die gegossene Figur vorsichtig aus der Form genommen.

1 Erprobt das Zinngießen gemeinsam mit eurer Lehrkraft in der Klasse.

2 Schreibt eure Beobachtungen und Erfahrungen auf.

Gesundheitshinweise

Zum Zinngießen werden meist Zinnverbindungen (Legierungen) verwendet, die aus Zinn und Blei bestehen. Da Blei giftig ist, muss der Kontakt mit Lebensmitteln vermieden werden. Bei der Arbeit sollten eine Schutzbrille und Lederhandschuhe getragen werden.

Übrigens:

Nicht nur Zinn, sondern auch andere Metalle, z. B. Kupfer oder Eisen, können geschmolzen und dann in vorgefertigte Formen gegossen werden. Je härter das Metall ist, desto mehr Energie und Zeit sind nötig, um es zu schmelzen. In Gießereien werden z. B. Maschinenbauteile, Ofenplatten und Rohre hergestellt.
Besonderes Können wird von den Glockengießern verlangt, da jede Glocke auf einen ganz bestimmten Ton gestimmt sein muss.

Kerzengießen
Auch mit Wachs könnt ihr das Schmelzen und Gießen eines Materials selbst erproben.

Auch beim Kerzengießen muss immer ein Erwachsener dabei sein!

Ihr braucht:
Gießwachs oder zerkleinerte Kerzenreste, einen kleinen Schöpflöffel, einen Topf bis knapp zur Hälfte mit Wasser gefüllt, einen kleinen Topf oder eine Blechdose, Formen, Dochte.

1 Erhitzen des Wachses

Erhitzt und schmelzt Wachs immer nur im Wasserbad. Direkt erhitztes Wachs wird sehr heiß und brennt. Feuergefahr!

2 Formen für das Wachs

Ihr könnt Backförmchen oder auf Alufolie gelegte Ausstechformen verwenden.

3 Gießen des Wachses

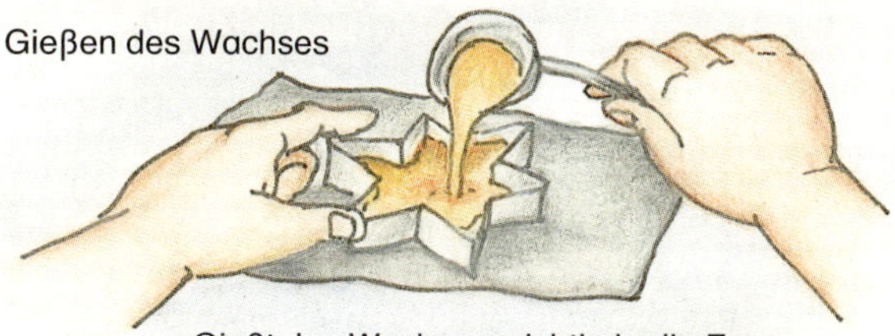

Gießt das Wachs vorsichtig in die Form.

4 Erkalten

Setzt den Docht in die Mitte und haltet ihn, bis das Wachs erstarrt.
Es wird hart und kalt.

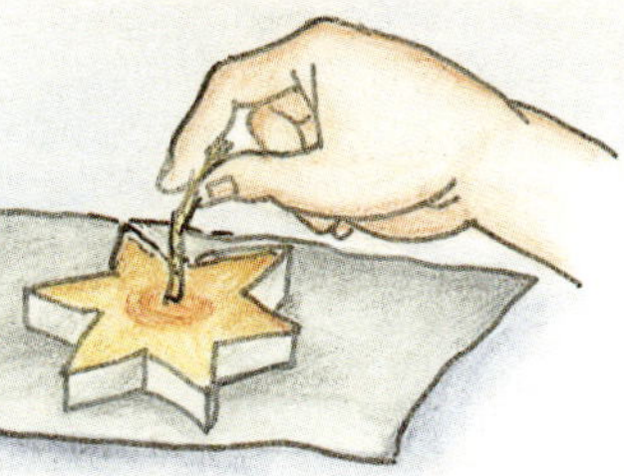

5 Gegossene Kerze

Nach etwa einer halben Stunde lässt sich die Wachskerze aus der Form herauslösen.

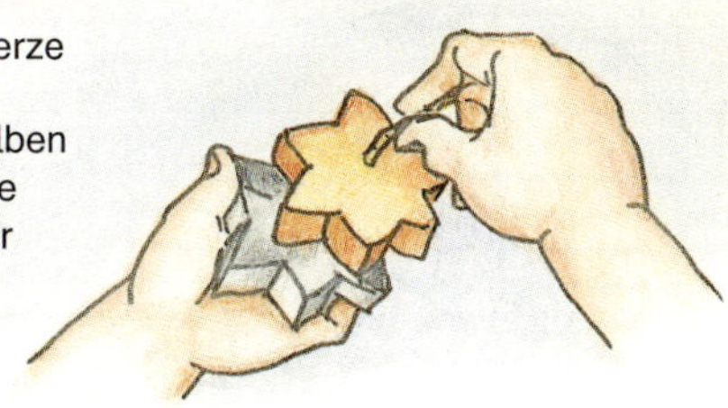

Wir stellen verschiedene Fruchtsäfte her

Apfelsaft
Nehmt 1 kg Äpfel. Wascht sie gründlich und schneidet sie in kleine Stücke. Gebt die geschnittenen Äpfel in die Saftpresse.

Himbeersaft
Nehmt 1 kg Himbeeren. Gebt sie mit drei Esslöffeln Zucker und etwas Wasser in einen Kochtopf. Kocht sie kurz auf, damit sie besser saften. Gebt die Himbeeren in ein Sieb, hängt das Sieb über eine Schüssel und drückt die Himbeeren mit einem Löffel durch.

Orangensaft
Nehmt 1 kg Orangen. Halbiert sie mit einem Messer und presst sie mit der Zitronenpresse aus. Wascht euch anschließend gründlich die Hände, um Schadstoffe, die sich auf der Schale befinden können, zu entfernen.

1 Stellt die Säfte her. Ihr könnt auch noch andere Früchte verwenden.
2 Zeichnet folgende Tabelle und tragt eure Arbeitsergebnisse ein.
3 Vergleicht. Welche Säfte lassen sich leicht herstellen?

Produkt	*Apfelsaft*	*Himbeersaft*	*Orangensaft*	
Arbeitsschritte	*waschen*			
	schneiden			
	entsaften			
Fruchtpreis je kg				
Zeitaufwand				
Saftmenge				

Wir mischen Shakes aus Fruchtsäften

„Shake“ ist ein englisches Wort und heißt „schütteln.“ Durch langes und kräftiges Schütteln vermischen sich die Zutaten eines Shakes besonders gut. Du kannst aber auch einen Mixer oder ein Handrührgerät verwenden, um Shakes herzustellen.

Orangen-Maracuja-Shake

Du brauchst:
1 kg Orangen
1 Zitronenpresse
1/2 l Maracujasaft
1 Zitrone
1–2 Esslöffel Zucker oder Honig

So wirds gemacht:

- *Presse die Orangen und die Zitrone aus.*
- *Gib Orangensaft, Maracujasaft, Zitronensaft und Zucker oder Honig in eine Flasche.*
- *Schraube die Flasche gut zu und schüttle sie 1 Minute lang kräftig.*

Himbeer-Bananen-Shake

Du brauchst:
500 g Himbeeren
2 Bananen
1 Pürierstab
1 Zitrone
2–3 Esslöffel Zucker oder Honig
1 l Milch
2 Esslöffel Jogurt

So wirds gemacht:

- *Schneide die Bananen in Stücke, gib sie in eine Schüssel und püriere sie.*
- *Gieße den Saft von 500 g Himbeeren in eine Schüssel.*
- *Gib den ausgepressten Zitronensaft und den Zucker oder Honig dazu.*
- *Rühre alles gut mit einem Mixer durch.*
- *Gib langsam die Milch und den Jogurt dazu, rühre weiter, bis der Shake an der Oberfläche schaumig wird.*

Zitronenlimonade

Du brauchst:
5 Zitronen
1 Zitronenpresse
3–6 Esslöffel Zucker
1 l Mineralwasser

So wirds gemacht:

- *Schneide 1 Zitrone in Scheiben.*
- *Presse die übrigen Zitronen aus und schütte den Zitronensaft in ein großes Gefäß.*
- *Schmecke den Zitronensaft mit Zucker ab.*
- *Gieße das Mineralwasser auf den Zitronensaft.*
- *Stecke die Zitronenscheiben auf den Rand der Gläser.*

Übrigens:

Fruchtsaftgetränke kannst du auch fertig kaufen. Es gibt:

1. Direktsaft (100 % Fruchtgehalt, wird nach dem Pressen direkt abgefüllt in Flaschen oder Tanks, kein Zusatz von Stoffen, keine Konzentratherstellung.)
2. Fruchtsaft (100 % Fruchtgehalt, wird nach dem Pressen zu Konzentrat verarbeitet und später mit Wasser zu trinkfertigem Saft verdünnt, kein Zusatz von Stoffen.)
3. Nektar (25–50 % Fruchtgehalt, wird aus Konzentrat unter Zugabe von Wasser und Zucker hergestellt.)
4. Fruchtsaftgetränk (Die Früchte liefern nur den Geschmack, neben kleinen Fruchtsaftmengen sind Wasser, natürliche Fruchtaromen, Zucker und Konservierungsstoffe enthalten.)
   Wie hoch der Anteil an Früchten ist, kannst du auf dem Etikett lesen. Man schmeckt auch den Unterschied. Gekaufte Säfte werden erhitzt, damit sie haltbar sind. Dabei gehen einige wertvolle Vitamine verloren.

Wie Apfelsaft in der Fabrik hergestellt wird (1)

Apfelernte

Die Herstellung des Apfelsafts beginnt mit der Ernte der Äpfel. Zum Teil stammen die Äpfel aus Plantagen. Das sind große Obstgärten, wo die Obstbäume in vielen Reihen stehen. Die Äpfel werden dort mit Maschinen geerntet. Es gibt aber auch Streuobstwiesen, auf denen die Bäume locker verteilt stehen. Dort werden die Äpfel von Hand von den Bäumen geschüttelt und aufgelesen. Die meisten Saftkeltereien* sind in den Obstanbauregionen entstanden. So ist der Weg der Äpfel zur Fabrik nicht weit.

Apfelsilo

Waschen

Ritzmühle

Maische

Im Herbst werden die Äpfel zur Apfelsaftfabrik gebracht. Die Fahrzeuge der Obstbauern werden vor und nach der Anlieferung auf einer Fahrzeugwaage gewogen. Der Gewichtsunterschied entspricht dem Gewicht der gelieferten Äpfel. Die Äpfel werden in einem großen Vorratsbehälter, dem Silo, kurze Zeit gelagert. Eine reiche Ernte bedeutet nicht unbedingt, dass die Obstbauern dann auch viel Geld verdienen. Gibt es in einem Jahr sehr viele Äpfel, ist der Preis dafür geringer.

In der Fabrik werden die Äpfel zunächst zur Pressung vorbereitet. Über ein Laufband werden sie vom Silo in ein Wasserbecken transportiert. Dort werden Blätter und faule Äpfel aussortiert. Die gewaschenen Äpfel kommen anschließend in eine Ritzmühle. Dort werden sie in kleine Stücke zerteilt, sodass ein Apfelbrei, die Maische, entsteht. Die Maische kann besser gepresst und so mehr Saft gewonnen werden. Auf einem weiteren Laufband wird die Maische zur Bandpresse befördert.

Übrigens:

Deutschland ist Weltmeister im Fruchtsafttrinken. In keinem anderen Land wird so viel Saft getrunken wie bei uns. Apfelsaft gehört dabei zu den beliebtesten Säften. Insgesamt werden in Deutschland pro Jahr ungefähr 10 Millionen Hektoliter Apfelsaft getrunken. Das wären 12 Liter pro Person, wenn jeder Deutsche die gleiche Menge trinken würde. Dafür werden knapp 150 000 Tonnen Äpfel ausgepresst. Um einen Liter Saft zu erhalten, müssen 1,5 kg Äpfel verarbeitet werden.

In Deutschland gibt es 455 Fruchtsafthersteller mit 7000 Beschäftigten. In vielen Keltereien besteht die Möglichkeit, die Äpfel aus dem eigenen Garten zu Apfelsaft zu verarbeiten und in Flaschen abzufüllen.

* Saftkelterei: Betrieb in dem aus Früchten Säfte hergestellt werden.

Der Trester ist kein wertloser Abfall. Er wird an Jäger verkauft. Diese legen ihn als Winterfutter für Rehe an Futterplätzen im Wald aus. Trester wird auch als Rohstoff für die Herstellung von Apfelschnaps verwendet.

Trester

Bandpresse

Apfelsaft

Die Maische durchläuft die Bandpresse, die aus einem Laufband und mehreren Walzen besteht. Das Laufband hat viele winzige Löcher. Die Walzen pressen den Saft aus der Maische durch das Laufband. Der Apfelsaft fließt nun in ein Auffangbecken unter der Bandpresse. Am Ende wurde den Äpfeln fast die ganze Flüssigkeit entzogen. Die übrig gebliebenen Feststoffe nennt man „Trester". Dieser fällt auf ein anderes Laufband und wird zu einem Lagerplatz transportiert.

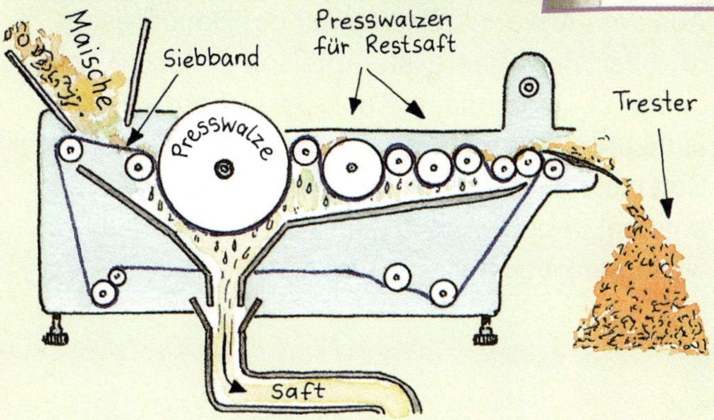

In der Saftfabrik sind viele Menschen beschäftigt. Aber die wenigsten haben direkt mit der Herstellung des Saftes zu tun. Einige arbeiten im Büro. Sie kümmern sich um die Beschaffung der Äpfel und den Verkauf des Saftes. Andere sind für die Anlieferung und das Wiegen der Äpfel zuständig. Für das Pressen des Saftes benötigt man nur eine einzige Person. Sie hat die Aufgabe, die Maschinen in Gang zu setzen und das Pressen zu überwachen. Den Rest erledigen die Maschinen automatisch: Sie waschen, zerkleinern und pressen die Äpfel und transportieren sie zu den einzelnen Stationen. Erst für das Reinigen und Reparieren der Maschinen werden wieder Arbeitskräfte benötigt. Mit Hilfe der Maschinen können in einer Kelterei in einer Stunde mehrere Tausend Liter Saft hergestellt werden.

1 Beschreibe die Arbeitsschritte von der Apfelernte bis zum Pressen der Äpfel.

Wie Apfelsaft in der Fabrik hergestellt wird (2)

Fruchtsäfte werden in verschiedenen Verpackungen angeboten. Mehrweg-Glasflaschen können über 50 Mal wiederverwendet werden. Auch in Einweg-Glasflaschen wird Saft verkauft. Glasflaschen sind jedoch schwer, benötigen viel Platz und verursachen hohe Transportkosten. Deshalb werden viele Fruchtsäfte in Kartonverpackungen abgefüllt. Säfte, die in Mehrwegflaschen angeboten werden, sind meistens etwas teurer.

Ein Vergleich zeigt, wie viel der Fruchtsäfte in welche Verpackungsformen abgefüllt werden:

Aus dem Auffangbecken unter der Bandpresse wird der frisch gepresste Apfelsaft in riesige Tanks gepumpt. Jeder dieser Tanks besteht aus Edelstahl und fasst mehrere Tausend Liter. Damit der Saft nicht zu gären beginnt und daraus Apfelwein entsteht, muss er nach dem Pressen schnell weiterverarbeitet werden.

An der nächsten Station läuft der Saft in einen Durchlauferhitzer. Dabei fließt er durch heiße Rohre und wird auf 96 °C erwärmt. Dadurch werden Bakterien und Pilze abgetötet. Der Saft ist nun bei luftdichter Lagerung mindestens ein Jahr haltbar. Nur die Menge, die bald verkauft werden kann, wird sofort zur Abfüllanlage weitergeleitet. Der Rest gelangt in Tanks und wird dort zwischengelagert. Das Lagern in Tanks benötigt weniger Platz. So kann die Fabrik das ganze Jahr Saft anbieten.

Übrigens:

In Jahren mit einer guten Apfelernte stellen die Keltereien manchmal mehr Apfelsaft her, als sie selber verkaufen können. Der überschüssige Saft wird dann an andere Fabriken weiterverkauft. Dort wird er zu einem dickflüssigen Konzentrat eingekocht. Dieses ist noch länger haltbar als der frische Saft. Man stellt daraus später wieder Fruchtsaftgetränke her, indem man das Konzentrat mit Wasser verdünnt. In vielen gemischten Fruchtsaftgetränken, zum Beispiel im Multivitaminsaft, ist Apfelsaftkonzentrat enthalten. Auch Marmeladenfabriken kaufen Apfelsaft auf und verarbeiten ihn zu Apfelgelee.

95 ←

Mehrwegflaschen vor der Reinigung

Wird der Saft in Mehrwegflaschen abgefüllt, kann die Fabrik Flaschen verwenden, die vom Kunden zurückkommen. Diese Flaschen werden sorgfältig gereinigt. Nur beschädigte Flaschen werden durch neu gekaufte ersetzt. Die Etiketten und die Schraubverschlüsse werden von anderen Firmen geliefert.

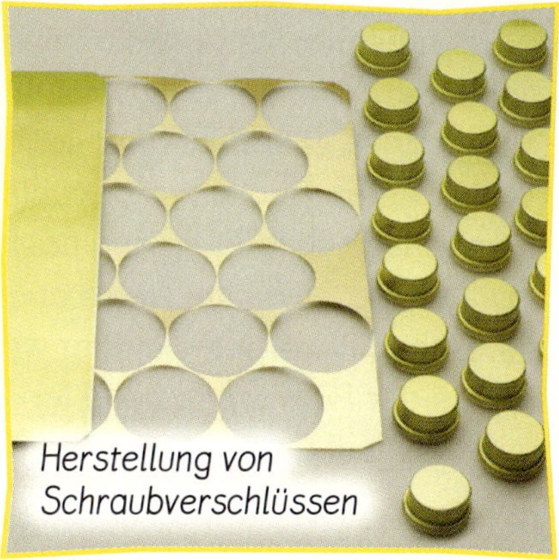
Herstellung von Schraubverschlüssen

Abfüllanlage

Die leeren Flaschen durchlaufen eine Spülmaschine, in der sie gründlich gereinigt werden. Eine andere Maschine stellt sie auf ein Laufband. So gelangen sie zur Abfüllanlage. Auch die Abfüllanlage arbeitet automatisch, ohne das Zutun von Menschen. Es werden immer mehrere Flaschen gleichzeitig mit dem heißen Saft gefüllt. Dabei strömt die Flüssigkeit aus kleinen Düsen direkt in die Flasche. So fließt nichts daneben.

Etiketten aufkleben

An der nächsten Station schraubt eine Maschine die Flaschen zu. An dieser Stelle steht ein Mitarbeiter, da es passieren kann, dass beschädigte Flaschen zu Bruch gehen. Diese müssen dann von Hand entfernt werden. Schließlich werden die Flaschen mit einem Etikett versehen und in die Kästen gestellt. Ein Gabelstapler bringt die auf Paletten geschichteten Saftkästen in ein Lager.

Maschinen ersetzen Handarbeit

In der Abfüllanlage wird deutlich, wie viele Arbeiten durch Maschinen erledigt werden. Schon für das Auswaschen der Mehrwegflaschen müssten mehrere Mitarbeiter angestellt werden. Die Fabrikspülmaschine reinigt viele Flaschen gleichzeitig, indem sie heißes Wasser mit hohem Druck in die Flaschen spritzt. Das Befüllen der Flaschen wird von der Maschine ebenfalls schneller erledigt, als es ein Mensch mit einer Flasche und einem Trichter schaffen würde. Auch die Schraubverschlüsse und die Etiketten werden mit Hilfe von Maschinen hergestellt und von Maschinen auf die Flaschen geschraubt bzw. gedrückt.

1 Nimm eine leere Saftflasche mit eingetrocknetem Saft. Reinige sie mit einer Flaschenbürste und heißem Wasser. Wie lange brauchst du?

→ 98

Wie der Apfelsaft zum Kunden kommt

Früher mussten Waren zeitaufwändig mit einem Karren oder Fuhrwerk transportiert werden. Deshalb konnte man fast nur Dinge kaufen, die aus der näheren Umgebung stammten. Heute ist es möglich, Lebensmittel schonend und schnell über weite Entfernungen zu transportieren, sodass diese frisch zum Kunden gelangen. Mit dem Kühlschiff werden zum Beispiel Bananen zu uns gebracht. Exotische Früchte gelangen mit dem Flugzeug nach Deutschland. Innerhalb Europas transportiert man Obst und Gemüse meist mit dem Lkw, teilweise auch mit dem Zug. Manche Produkte gibt es im Ausland günstiger als bei uns. Deshalb werden sie über weite Strecken zu uns transportiert. Dafür wird viel Energie benötigt. Die Abgase der Fahrzeuge belasten die Umwelt. Deshalb entscheiden sich manche Kunden heute wieder ganz bewusst für Produkte, die aus ihrer Region stammen.

1 Informiert euch über die Herkunft und Transportwege von Obst.

Kastenlager

Die Apfelsaftkästen sind nun fertig zum Verkauf. Ein Teil davon wird direkt in der Saftfabrik an Kunden verkauft. Andere Kisten kommen in Getränkemärkte oder Supermärkte in der Nähe der Saftfabrik. Aber auch in weiter entfernten Gebieten wird der Apfelsaft angeboten. Er wird an Supermarktketten oder Großhändler verkauft und zu ihnen transportiert. Der Großhändler verkauft den Saft an Geschäfte in seiner Region weiter.

Großhändler

Supermarkt

Fabrikverkauf

Übrigens:

Wenn eine Ware vom Produzenten direkt an den Verbraucher verkauft wird, entstehen keine Kosten für den Transport und den Zwischenhändler. Deshalb sind die Preise beim Verkauf in der Fabrik oft niedriger als im Geschäft.

Was kostet eine Flasche Saft?

Viele Menschen haben Apfelbäume in ihrem Garten. Deshalb könnten sie für sich selbst Apfelsaft herstellen. Trotzdem kaufen viele lieber den Saft im Supermarkt. Für sie ist das Waschen, Schneiden und Pressen der Äpfel zu zeitaufwändig. Einfacher ist es, die Äpfel aus dem eigenen Garten in einer Kelterei zu Saft verarbeiten zu lassen. Meistens erhält man im Tausch für eine bestimmte Menge an Äpfeln eine bestimmte Menge Apfelsaft oder man muss die Herstellung des Saftes bezahlen. In manchen kleineren Keltereien kann man die Maschinen gegen eine Gebühr benutzen und seinen eigenen Apfelsaft herstellen.

Bevor eine Apfelsaftfabrik die erste Flasche Saft verkauft, hat sie bereits viel Geld ausgegeben. Das Fabrikgebäude wurde errichtet, teure Maschinen wurden angeschafft, Mitarbeiter wurden eingestellt und die Äpfel gekauft. Auch das Pressen der Äpfel, das Reinigen der Flaschen und das Abfüllen des Saftes kosten Geld. Hierfür wird viel Energie und Wasser benötigt. Diese Kosten und einen Gewinn muss die Fabrik durch den Verkauf des Saftes wieder einnehmen.

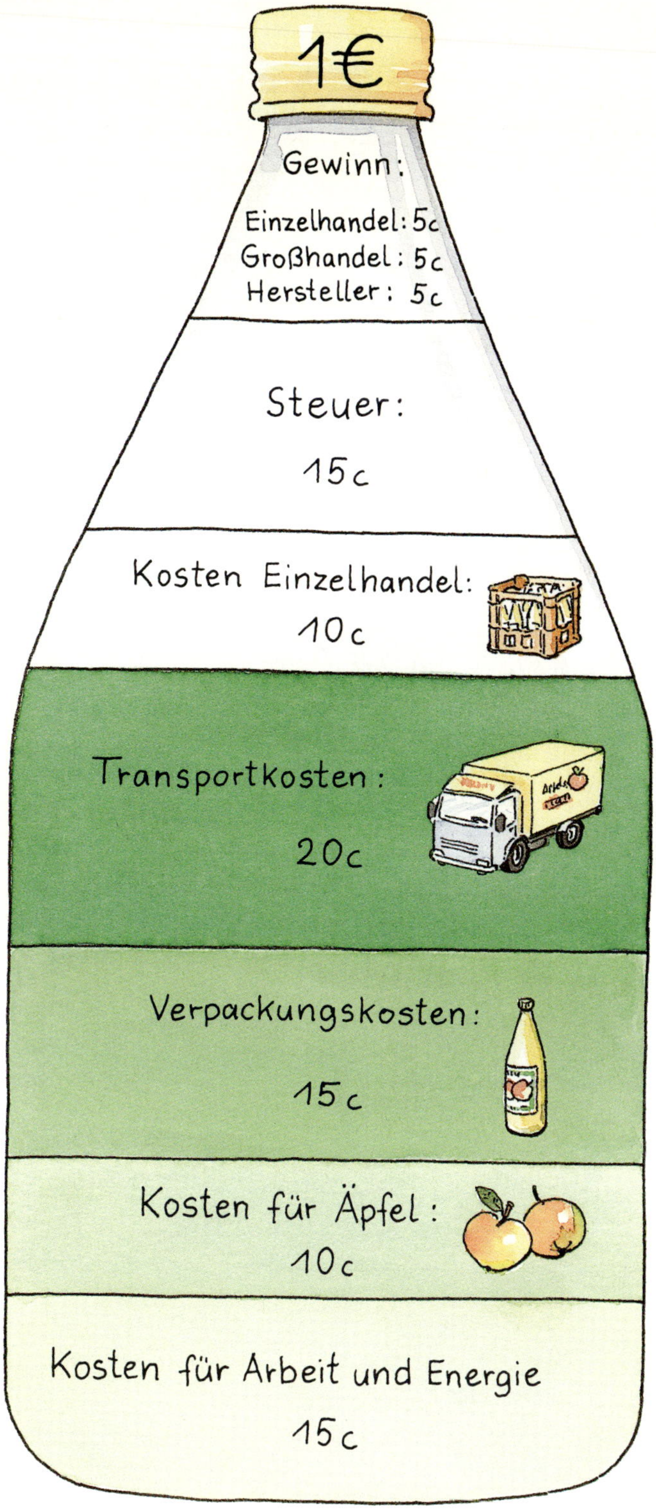

1 Überlegt, welche Kosten entstehen, wenn ihr selbst einen Liter Apfelsaft herstellen wollt.

2 Legt die Seiten 94 bis 98 mit drei Büchern hintereinander, so dass ihr alle Produktionsschritte auf einmal sehen könnt. Beschreibt sie.

3 Vergleicht mit Hilfe der Abbildung oben die Kosten für die einzelnen Produktionsschritte.

Was von einer Flasche Apfelsaft übrig bleibt

Beim Kauf von Apfelsaft in einer Mehrwegflasche muss der Kunde Flaschenpfand bezahlen. Bei der Rückgabe der leeren Pfandflasche erhält er sein Geld zurück. Zerbrochene Glasflaschen werden in den Glascontainer geworfen. Sie sind Rohstoff für neue Flaschen.

Die Schraubverschlüsse auf den Saftflaschen bestehen aus Weißblech oder Plastik. Beide Materialien verformen sich leicht, so dass sie nicht mehrmals benutzt werden können. Deshalb werden sie in der Kelterei von den leeren Flaschen abgeschraubt und recycelt. Die Verschlüsse sollten stets auf den Flaschen bleiben, damit das Gewinde geschützt ist.

Die Etiketten sind aus Papier. Sie kleben noch auf den abgegebenen leeren Mehrwegflaschen. Die Etiketten werden beim Reinigen in einer Maschine entfernt und kommen in den Restmüll.

Übrigens:

Verpackungen sind wichtig. Sie sorgen dafür, dass Lebensmittel sauber und frisch beim Kunden ankommen. Außerdem tragen sie Informationen über Gewicht, Inhalt und Haltbarkeit des Produkts.

Manchmal verwenden die Hersteller aber auch mehr Verpackungsmaterialien als nötig, denn die Ware soll besonders schön aussehen. Durch überflüssige Verpackungen werden aber wertvolle Rohstoffe verschwendet und es fallen viele Abfälle an. Beim Kauf sollte man darauf achten, dass möglichst wenig Verpackungsabfall entsteht.

Transportwege

Bevor ein Produkt hergestellt werden kann, sind viele Transporte notwendig: Die Rohstoffe müssen in die Fabrik geliefert werden. Zusätzlich braucht jede Firma auch noch andere Dinge für ihre Produktion. Diese werden von Zulieferfirmen hergestellt und zum Teil über weite Strecken an die Fabrik geliefert. Auch für die Entsorgung der Abfälle, die bei der Herstellung des Produkts entstehen, fallen Transportwege an: Lastwagen fahren nicht weiter verwertbare Abfälle auf Mülldeponien. Manche Abfälle werden zu einer anderen Fabrik gebracht. Hier werden sie als Rohstoffe für ein neues Produkt genutzt. Auch wenn ein fertiges Produkt im Geschäft steht, ist es noch nicht an seinem Ziel angekommen: Der Kunde transportiert es zu Fuß, mit dem Rad oder mit dem Auto nach Hause. Nach dem Verbrauch des Produktes bringt er die Verpackung z. B in den Wertstoffhof.

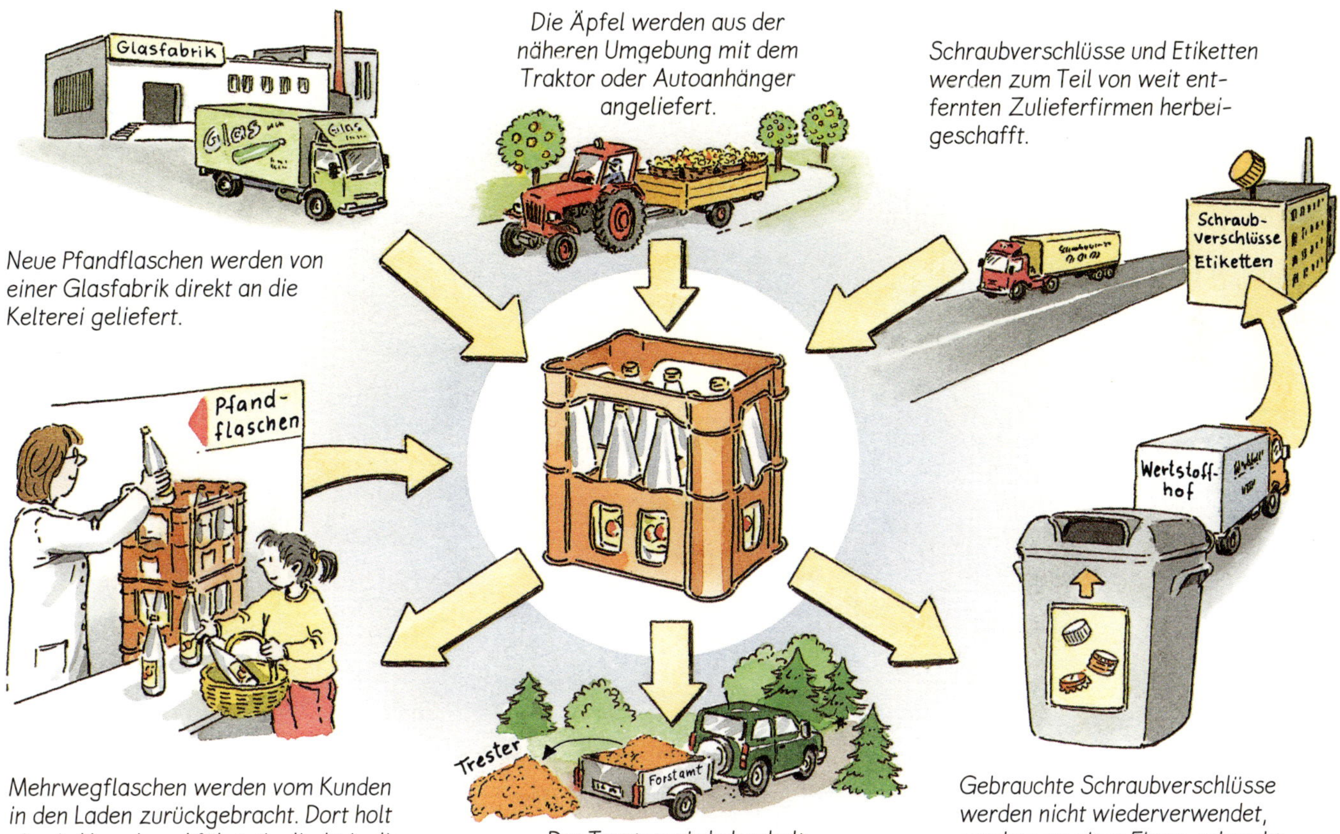

Die Äpfel werden aus der näheren Umgebung mit dem Traktor oder Autoanhänger angeliefert.

Schraubverschlüsse und Etiketten werden zum Teil von weit entfernten Zulieferfirmen herbeigeschafft.

Neue Pfandflaschen werden von einer Glasfabrik direkt an die Kelterei geliefert.

Mehrwegflaschen werden vom Kunden in den Laden zurückgebracht. Dort holt sie ein Lkw ab und fährt sie direkt in die Saftkelterei.

Der Trester wird abgeholt und an Tiere verfüttert.

Gebrauchte Schraubverschlüsse werden nicht wiederverwendet, sondern zu einer Firma gebracht, die sie recycelt.

Wir erkunden eine Fabrik

1 Informiert euch, welche Fabriken es in eurem Heimatort oder in der Nähe gibt.

2 Fragt in einer Fabrik nach, ob ihr sie besichtigen könnt.

3 Bereitet Fragen für die Besichtigung vor, z. B.: Welche Produkte werden hergestellt? Wohin werden sie geliefert? Welche Rohstoffe werden verwendet? Woher stammen diese? Wie werden sie transportiert? Welche Maschinen erleichtern die Herstellung des Produktes? Welche Abfälle fallen bei der Produktion an? Was wird mit ihnen gemacht?

4 Notiert die Antworten oder nehmt sie mit einem Kassettenrekorder auf. Fragt nach, ob ihr die wichtigsten Arbeitsschritte fotografieren dürft. Wertet eure Ergebnisse aus. Erstellt ein Schaubild.

Abfälle und Restmüll

In den Kompost gehören: Gemüseabfälle, Obstreste, Gartenabfälle und alles andere, was Regenwürmer gern fressen. Gesammelt wird das alles auf dem Komposthaufen oder in der Biotonne.

In den gelben Sack oder in die gelbe Tonne dürfen nur Verpackungen mit dem grünen Punkt. Andere Dinge aus Plastik, z. B. eine Zahnbürste, ein Handfeger oder ein Lineal, dürfen nicht hinein, denn dies sind keine Verpackungen. In manchen Gemeinden werden Abfälle mit dem grünen Punkt an der Wertstoffsammelstelle abgegeben.

Alte Farben, Batterien und Altöl zum Beispiel sind giftig. Sie gehören in den Sondermüll. Er muss an Sammelstellen abgegeben werden.

Wir sehen: Jetzt ist nicht mehr viel übrig. Glas, Papier, Kompost und Verpackung werden wiederverwertet. Nur das, was bisher nicht aussortiert wurde, bleibt als Restmüll übrig. Was geschieht nun mit dem Restmüll?

Abfalldetektive

Von Ort zu Ort ist das Sortieren und Sammeln von Abfällen unterschiedlich.

1 Wie werden bei euch Glas und Papier gesammelt?

2 Wo könnt ihr den Sondermüll abgeben?

3 Oft besteht ein Gegenstand, z. B. eine Taschenlampe, aus verschiedenen Materialien, die zu unterschiedlichen Abfallarten gehören. Nehmt eine Taschenlampe und untersucht sie genau.

Abfallverwertung

Leider ist Abfall nicht völlig zu vermeiden. In den Haushalten sammeln sich Woche für Woche riesige Abfallberge an. Nicht alles davon ist wertlos. Vielmehr gibt es neben dem nicht verwertbaren Abfall, dem Restmüll, auch viele Wertstoffe, die wiederverwertet (recycelt) werden können. Aus diesem Grund trennt man die verschiedenen Abfallarten:

Glas gehört in den Glascontainer, z. B. Einwegflaschen, Glasscherben, Konserven- und Marmeladengläser.

Weißblech wie Dosen, Kronkorken, Schraubverschlüsse sowie Nägel und Schrauben wirft man in den Metallcontainer.

Zum Sammeln von Papier, Pappe oder gut erhaltenen Textilien gibt es in vielen Gemeinden extra große Behälter.

Garten- und Küchenabfälle lassen sich im eigenen Garten kompostieren. So lässt sich wieder gute Gartenerde (Humus) gewinnen. In manchen Gemeinden und Landkreisen können diese Abfälle auch in einer Bio-Tonne entsorgt werden.

Abfälle aus Kunststoff, z. B. Plastikbecher, kann man zum Wertstoffhof bringen. Dort kann man auch Getränkekartons, Kork oder Styropor abgeben. Diese verschiedenen Wertstoffe sollten möglichst sortenrein und sauber gesammelt werden, um eine Wiederverwertung zu vereinfachen. Im Wertstoffhof werden auch Batterien zum Entsorgen angenommen.

Übrigens:

In vielen Gemeinden werden Wertstoffe noch auf andere Art der Wiederverwertung zugeführt. So sammelt man häufig Verpackungen mit dem grünen Punkt im Gelben Sack. Die Blaue Tonne steht in vielen Haushalten, um Altpapier und Karton aufzunehmen.

Hier hat sich ein riesiger Abfallhaufen aufgetürmt. Aber jeder dieser Abfälle ist ein Wertstoff, der sich wiederverwerten lässt. Er ist ein Rohstoff, aus dem neue Produkte hergestellt werden.

Klopapier

Wellpappe

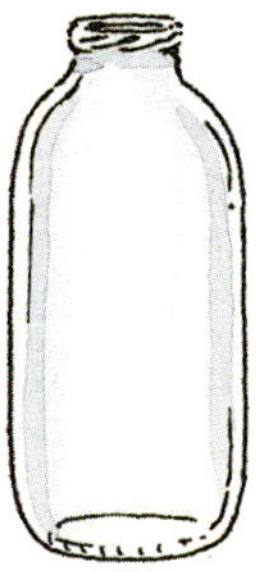
Glasflasche

Spanplatte

Humus

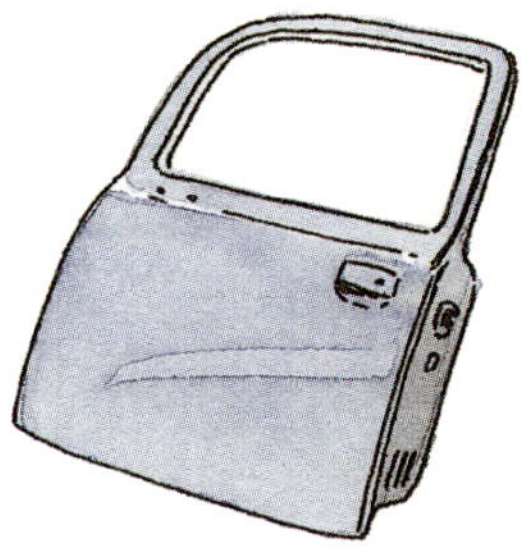
Autotür

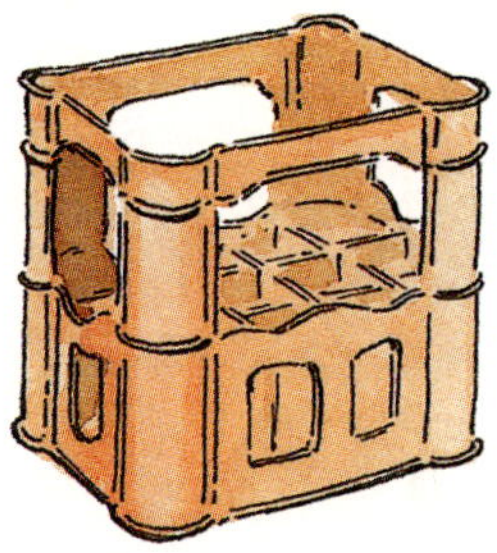
Getränkekasten

1 Nenne verschiedene Abfallarten, die zu den Wertstoffen gehören.

2 Stelle fest, ob und wo es in deinem Heimatort Sammelstellen für Wertstoffe gibt.

3 Erkundige dich, wie bei dir zu Hause Wertstoffe getrennt werden.

4 Aus welchen Abfällen sind die neuen Produkte entstanden?

Übrigens:

Wenn ein Computer ausgedient hat, fallen viele Teile an, die nur als Sondermüll entsorgt werden können. Aber es lassen sich auch viele Bestandteile wiederverwerten. Laufwerke, Steckmodule und Netzteile können noch verkauft werden.

Restmülldeponie und Müllverbrennungsanlage

Der Restmüll wird auf der Deponie abgekippt.

Der Kompaktor zerkleinert und verdichtet den Restmüll.

Der Restmüll enthält Bestandteile, die den Boden, das Wasser und die Luft verschmutzen können. Deshalb muss eine Deponie so gebaut werden, dass diese Gefahren so weit wie möglich vermieden werden. Das Querschnittsbild zeigt, wie man das macht:

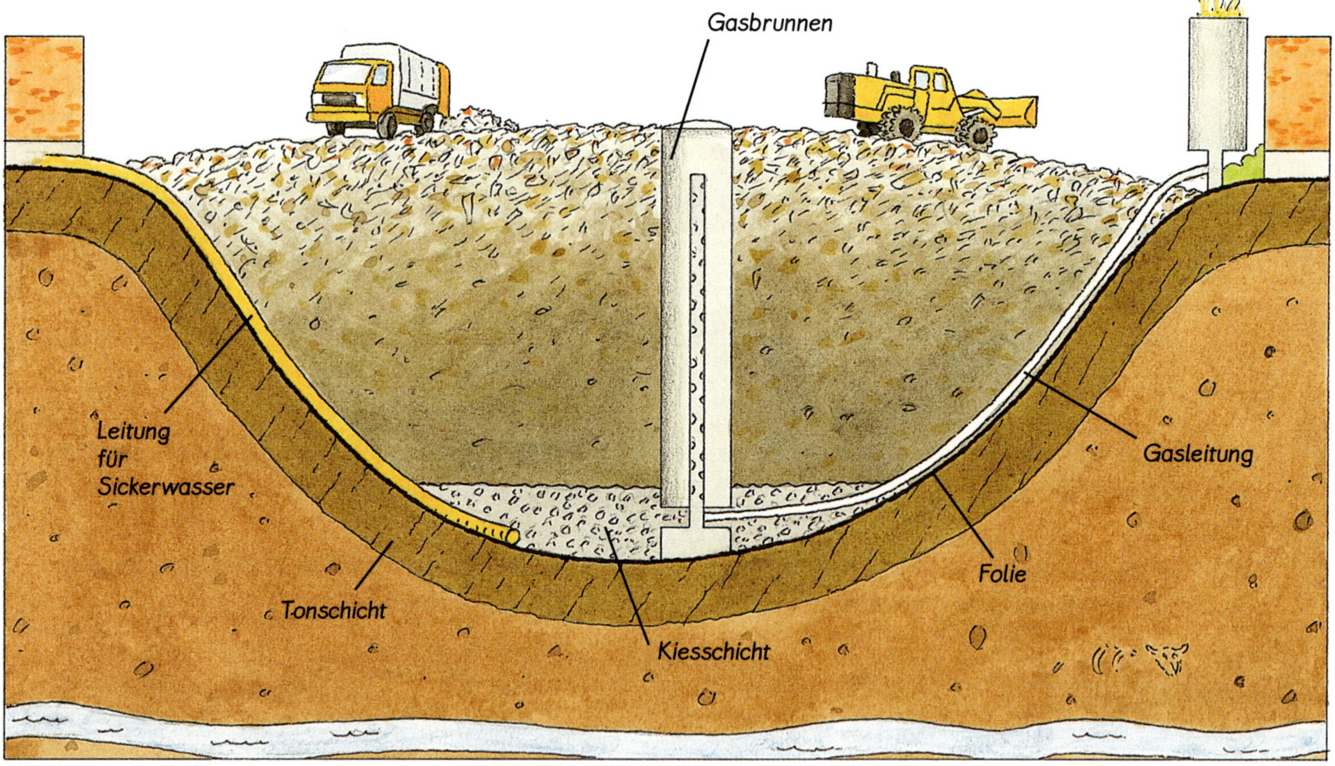

- Die Tonschicht und die Folie verhindern, dass Schmutzwasser in das Erdreich und somit in das Grundwasser eindringen kann.
- In der Kiesschicht sammelt sich das Sickerwasser. Es wird in Reinigungsanlagen gepumpt.
- In einer Deponie entsteht Gas. Es wird in Gasbrunnen gesammelt. Ein Teil des Gases wird genutzt, um Wärme oder elektrische Energie zu erzeugen. Das restliche Gas wird abgefackelt.

1 Beschreibe den Aufbau einer Restmülldeponie.

Der angelieferte Restmüll wird im Bunker mit dem Kran gut durchgemischt. Bei der Verbrennung entsteht nutzbare Wärme und elektrische Energie. Die Asche wird deponiert oder wie Bauschutt verwertet. Der Rauch wird gereinigt. Dabei entsteht Gips, der in der Bauindustrie genutzt wird. Der Filterstaub kann wegen seiner Verunreinigungen nicht verwertet werden. Er wird in alte Bergwerke verfüllt. Der gereinigte Rauch entweicht durch den Schornstein.

Wir vermeiden Abfälle in unserer Schule

Die Schüler der Umwelt-AG haben ein Plakat gestaltet, was zur Abfallvermeidung in der Schule getan werden kann.

Im Schulhaus fallen viele verschiedene Abfälle und Restmüll an. Dies alles muss umweltgerecht entsorgt werden. Wertstoffe kommen in verschiedenfarbige Behälter. Obstschalen oder verwelkte Blumen werden auf den Komposthaufen im Schulgarten gebracht.

1 Stellt fest, wie die verschiedenen Abfälle und der Restmüll in eurer Schule entsorgt werden.

2 Welche Sammelbehälter stehen bei euch zur Verfügung?

3 Wie könnt ihr in der Schule Müll vermeiden?

Richtiges Losfahren

Das Anfahren nach rechts

1. Das Fahrrad über den Gehsteig zum Fahrbahnrand schieben und auf den Verkehr achten.
2. Das Fahrrad in Fahrtrichtung an den Fahrbahnrand stellen und ein Pedal nach oben drehen.
3. Nach links hinten umschauen.
4. Handzeichen geben.
5. Mit beiden Händen am Lenker losfahren und Spur halten.

Das Anfahren nach links

1. Das Fahrrad zum Fahrbahnrand schieben und auf den Verkehr achten.
2. Das Fahrrad über die Straße schieben und in Fahrtrichtung auf die rechte Seite stellen. Ein Pedal nach oben drehen.
3. Nach links hinten umschauen.
4. Handzeichen geben.
5. Mit beiden Händen am Lenker losfahren und Spur halten.

Ein Pedal nach oben drehen.

Über die linke Schulter umschauen und deutlich Handzeichen geben.

Im Sitzen anfahren, mit beiden Händen am Lenker!

So fährst du mit deinem Fahrrad richtig an einem Hindernis vorbei

Ein Lastwagen versperrt den Weg. Max schaut sich um, weil nachfolgende Fahrzeuge zu einer Gefahr werden können. Dann gibt er Handzeichen, um den Spurwechsel anzukündigen. Nachdem er sich überzeugt hat, dass kein Gegenverkehr kommt, fährt er mit einigem Abstand links am Lastwagen vorbei. Anschließend zeigt er durch sein rechtes Handzeichen die Rückkehr zum Fahrbahnrand an.

Rechts fahren – Abstand halten

Rechts fahren

Stephan nähert sich einer Kreuzung. Vor ihm fährt ein Radfahrer. Deshalb hält er einen ausreichenden Sicherheitsabstand. Er hat nur eine schmale Fahrspur zwischen dem Bordstein und den überholenden Fahrzeugen. Stephan fährt nicht zu schnell und hält die Spur. Er muss aufpassen, um nicht zu stürzen.

Vorsicht! Abstand halten

Anna will an einem Auto vorbeifahren. Plötzlich wird die Wagentür geöffnet. Um einen Aufprall zu verhindern, muss Anna sofort scharf bremsen. Kräftig drückt sie mit dem Fuß rückwärts auf das Pedal, gleichzeitig betätigt sie die Vorderradbremse. Anna rutscht nicht zur Seite weg und kann rechtzeitig anhalten.
Es ist nichts passiert, weil Anna auch genügend Seitenabstand gehalten hat.

Achtung, Fußgängerüberweg! Dieses Zeichen kündigt einen Fußgängerüberweg an.

Fußgängerüberweg! Dieses Zeichen steht direkt an einem Fußgängerüberweg.

Verhalten an Fußgängerüberwegen

An Fußgängerüberwegen haben die Fußgänger immer Vorrang. Als Radfahrer musst du rechtzeitig deine Geschwindigkeit verringern und anhalten, wenn Fußgänger die Straße überqueren wollen.

Als Fußgänger solltest du aber stets aufpassen, ob die anderen Verkehrsteilnehmer auch wirklich am Überweg anhalten!

Rechts vor links

Kathi will an dieser Einmündung geradeaus weiterfahren. Hier regeln keine Verkehrszeichen die Vorfahrt. Daher gilt die Grundregel der Vorfahrt: Rechts vor links. Kathi muss also dem silbernen Auto, das von rechts kommt, die Vorfahrt lassen. Erst dann darf sie vorsichtig weiterfahren.
(Der Fachbegriff für ein Auto lautet Personenkraftwagen (Pkw)).

An dieser Kreuzung regeln keine Verkehrszeichen die Vorfahrt. Annegret will nach links abbiegen. Sie muss warten, weil für sie der Motorradfahrer von rechts kommt. Für den Motorradfahrer kommt aber der Pkw von rechts. Daher darf zuerst der Pkw die Kreuzung überqueren, dann der Motorradfahrer und zuletzt kann Annegret nach links abbiegen.

Auch an dieser Kreuzung gilt: Rechts vor links! Zuerst darf der Radfahrer die Kreuzung überqueren, dann der rote Pkw und zum Schluss der blaue Pkw.

ACHTUNG! Nicht überall gilt: Rechts vor links, wenn keine Verkehrszeichen vorhanden sind. An Ausfahrten und Feldwegen haben die Fahrzeuge auf der Hauptstraße die Vorfahrt.

Rechts vor links!
Wenn keine Verkehrszeichen, keine Ampeln oder kein Polizist die Vorfahrt regeln, dann gilt an Einmündungen und Kreuzungen die Grundregel der Vorfahrt: **Rechts vor links!**

1 In welcher Reihenfolge dürfen die Fahrzeuge hier fahren? Begründet.

2 Zeichnet selbst Verkehrssituationen, in denen die Regel rechts vor links gilt, und besprecht diese in der Klasse. Verwendet dazu die Vogelsicht.

Linksabbiegen ohne Vorfahrtzeichen

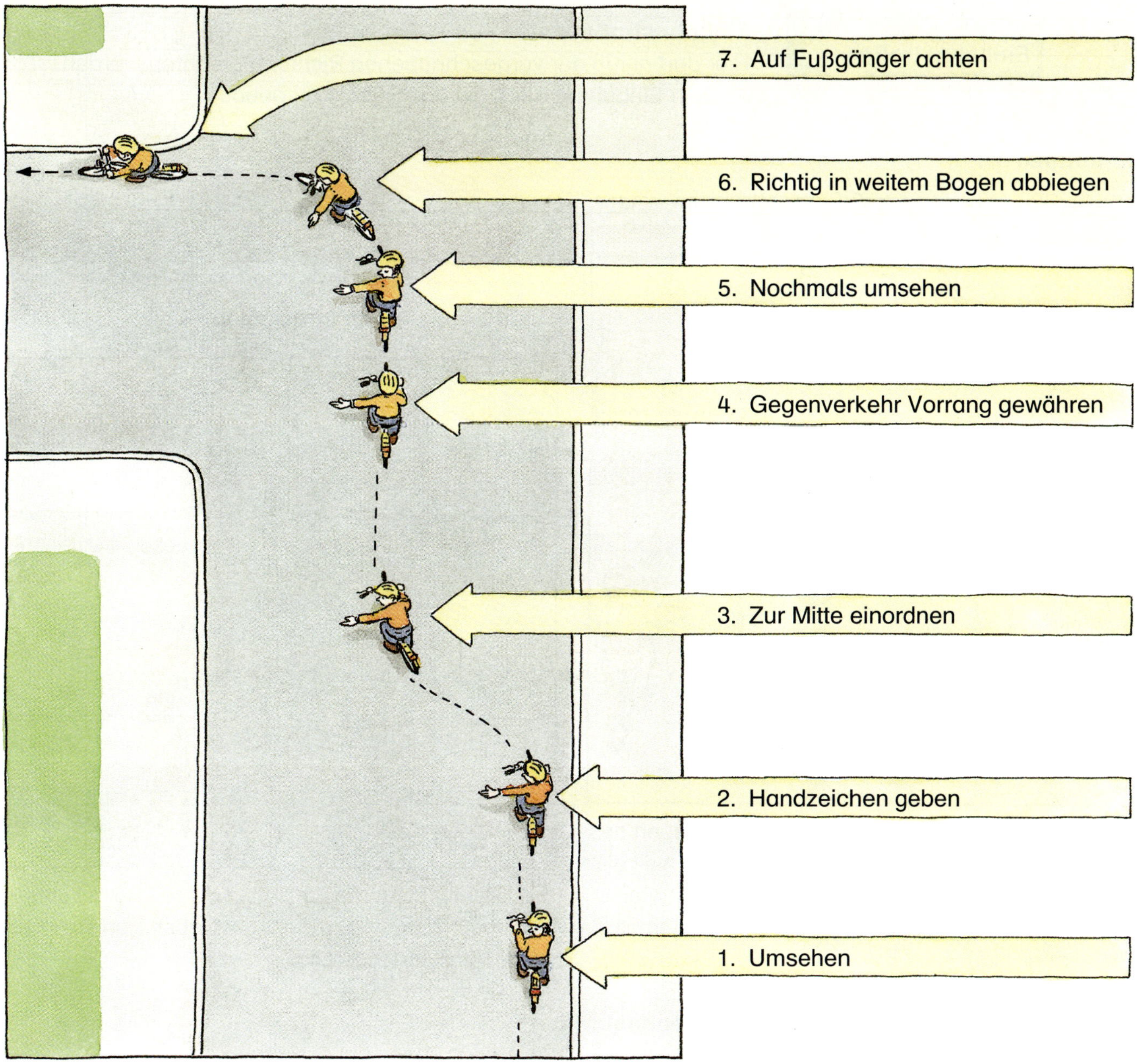

Auch beim Linksabbiegen an Einmündungen ist es sicherer, das Fahrrad über die Straße zu schieben. Deshalb benutzt Simon den Fußgängerüberweg.

1 Julia will auch links abbiegen. Beschreibe, was sie dabei alles zu beachten hat.

Linksabbiegen aus einer Einbahnstraße

Einbahnstraße!
Hier darf nur in der vorgeschriebenen Richtung gefahren werden.
Auch in Einbahnstraßen gilt das Rechtsfahrgebot.

Einordnen . . .

Ferdinand muss sich auch beim Linksabbiegen aus einer Einbahnstraße richtig einordnen. Nur weil die Straße breit genug ist, ordnet er sich zur Mitte ein. In engen Einbahnstraßen bleibt er am rechten Fahrbahnrand.

Verbot der Einfahrt!

. . . oder absteigen und schieben

Sicherer ist es allerdings, das Fahrrad beim Linksabbiegen über die Straße zu schieben und dann seine Fahrt fortzusetzen.

Sicheres Abbiegen aus einer engen Einbahnstraße

So schiebt Ferdinand sein Fahrrad ordnungsgemäß aus einer Einbahnstraße über die Fahrbahn.

1 Beschreibe, was Ferdinand dabei alles beachten muss.

Linksabbiegen an einer Kreuzung ohne Verkehrszeichen

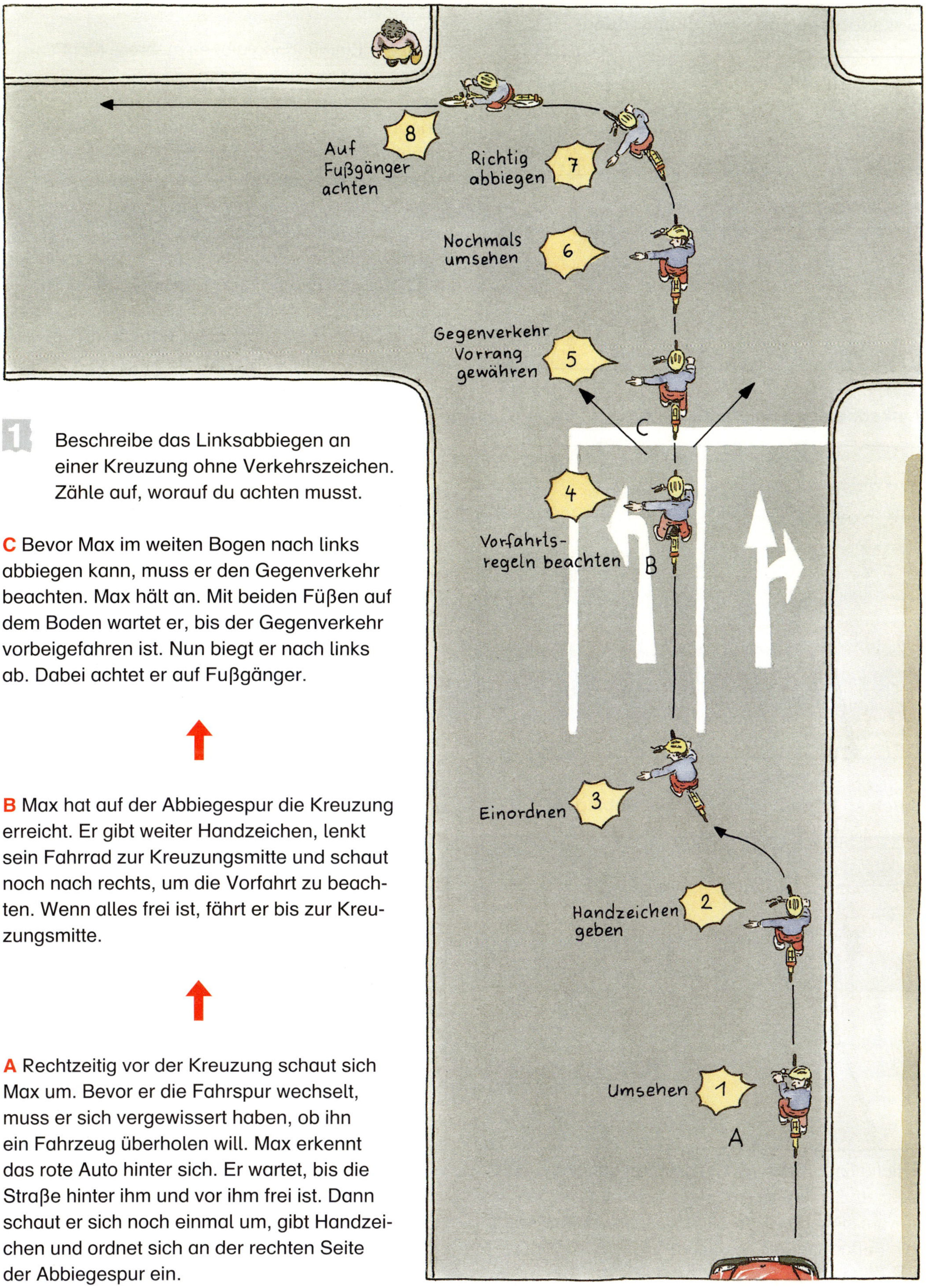

1 Beschreibe das Linksabbiegen an einer Kreuzung ohne Verkehrszeichen. Zähle auf, worauf du achten musst.

C Bevor Max im weiten Bogen nach links abbiegen kann, muss er den Gegenverkehr beachten. Max hält an. Mit beiden Füßen auf dem Boden wartet er, bis der Gegenverkehr vorbeigefahren ist. Nun biegt er nach links ab. Dabei achtet er auf Fußgänger.

↑

B Max hat auf der Abbiegespur die Kreuzung erreicht. Er gibt weiter Handzeichen, lenkt sein Fahrrad zur Kreuzungsmitte und schaut noch nach rechts, um die Vorfahrt zu beachten. Wenn alles frei ist, fährt er bis zur Kreuzungsmitte.

↑

A Rechtzeitig vor der Kreuzung schaut sich Max um. Bevor er die Fahrspur wechselt, muss er sich vergewissert haben, ob ihn ein Fahrzeug überholen will. Max erkennt das rote Auto hinter sich. Er wartet, bis die Straße hinter ihm und vor ihm frei ist. Dann schaut er sich noch einmal um, gibt Handzeichen und ordnet sich an der rechten Seite der Abbiegespur ein.

Linksabbiegen

Linksabbiegen an einer Einmündung

An dieser Einmündung gibt es mehrere Möglichkeiten nach links abzubiegen.
Andrea fährt schon sehr sicher mit dem Rad. Sie schaut sich um, gibt Handzeichen nach links und ordnet sich vorschriftsmäßig bei C in die Linksabbiegespur ein. Nachdem sie die Vorfahrtregeln beachtet hat, biegt sie in weitem Bogen ab und achtet auch auf die Fußgänger.
Martin wählt den sichereren Weg. Er fährt zunächst geradeaus weiter und hält dann bei Punkt G vorschriftsmäßig an. Nun schiebt er das Fahrrad über die Straße und setzt dort, unter Beachtung der Verkehrsregeln, seine Fahrt fort.

Linksabbiegen an einer Kreuzung

Auch an dieser Kreuzung gibt es mehrere Möglichkeiten nach links abzubiegen.
Fabian entscheidet sich für die Linksabbiegespur, während Svenja den sicheren Weg wählt.

1 Beschreibe die beiden Möglichkeiten nach links abzubiegen.

Auch so kannst du nach links abbiegen:

Häufig finden sich an viel befahrenen Kreuzungen Ampeln für Fußgänger. Auch hier ist es für Radfahrer am sichersten, das Rad zu schieben und wie ein Fußgänger die Straße zu überqueren.

Wenn Radwege über eine Kreuzung führen, müssen Radfahrer diese auch beim Linksabbiegen benutzen. Dabei sind nicht nur die Ampeln zu beachten, sondern auch die nach rechts abbiegenden Fahrzeuge.

Verkehrszeichen, Ampeln und Polizisten

Zeigt die Ampel Rot oder siehst du den Polizisten von vorne oder von hinten, bedeutet das für dich:
Halt vor der Kreuzung!

Zeigt die Ampel Rot ***und*** Gelb oder siehst du den Polizisten von vorne, von hinten oder von der Seite mit erhobenem Arm, bedeutet das für dich: **Halt vor der Kreuzung, auf das nächste Zeichen warten!**

Zeigt die Ampel Grün oder siehst du den Polizisten von der Seite (mit oder ohne ausgestreckte(n) Arme(n)), bedeutet das für dich:
Du kannst weiterfahren, deine Fahrtrichtung ist freigegeben!

Zeigt die Ampel Gelb oder siehst du den Polizisten von vorne, von hinten oder von der Seite mit erhobenem Arm, bedeutet das für dich:
Halt vor der Kreuzung, auf das nächste Zeichen warten! Wenn du dich in der Kreuzung befindest: Kreuzung räumen!

Halt! Vorfahrt gewähren!

Vorfahrt gewähren!

Vorfahrtstraße!

Kreisverkehr!

Vorgeschriebene Fahrtrichtung „Rechts"!

Autostraße

Gefahrenstelle

Vorfahrt an der nächsten Kreuzung

Kreuzung oder Einmündung mit Vorfahrt von rechts

Einseitig (rechts) verengte Fahrbahn

Vorgeschriebene Fahrtrichtung rechts oder geradeaus

Sonderweg für Fußgänger

Getrennter Rad- und Fußweg

Gemeinsamer Fuß- und Radweg

Sonderweg für Radfahrer

Verbot für Radfahrer

Dem Gegenverkehr Vorrang gewähren

1 Beschreibe: Wie musst du dich als Radfahrer bei diesen Verkehrszeichen verhalten?

Abknickende Vorfahrtstraßen nach links und rechts

Florian will hier nach links abbiegen. Er gibt Handzeichen nach links. Weil er auf der abknickenden Vorfahrtstraße bleibt, darf er ohne anzuhalten weiterfahren. Er verhält sich aber dennoch vorsichtig und achtet auf die anderen Verkehrsteilnehmer.

Lukas will hier nach links in die abknickende Vorfahrtstraße einbiegen und gibt rechtzeitig Handzeichen nach links. Er muss die Vorfahrt beachten und warten, bis die Straße frei ist. Dann biegt er vorschriftsmäßig ab.

1 Welche Möglichkeit hätte Lukas noch, hier sicher nach links abzubiegen?

Maria möchte an dieser abknickenden Vorfahrtstraße geradeaus weiterfahren. Sie hat sich nicht richtig eingeordnet, sodass es zu einer gefährlichen Situation kommt.
Wie sie es richtig macht, siehst du auf der Abbildung rechts.
Maria hätte mehrere Möglichkeiten gehabt, diese abknickende Vorfahrtstraße richtig zu überqueren.

2 Zähle auf, wie du diese Kreuzung richtig überqueren kannst. Worauf musst du dabei besonders achten?

3 Beschreibe, wie ein verkehrssicherer Helm aussehen soll und wie er getragen wird.

Der „tote Winkel“

Fährt ein Radfahrer neben einem Lkw in einem bestimmten Bereich, kann ihn der Lkw-Fahrer nicht sehen. Diesen Bereich nennt man den „toten Winkel“. Beim Abbiegen kann das sehr gefährlich sein. Der Radfahrer sollte hinter dem Lkw warten, bis dieser abgebogen ist.

Ihr könnt auf dem Schulhof selbst herausfinden, wo sich bei einem Auto die „toten Winkel“ befinden.

1 Ein Auto steht auf dem Schulhof. Ein Kind sitzt auf dem Fahrersitz. Ein anderes Kind geht langsam von hinten an der Beifahrerseite des Autos entlang. Das Kind auf dem Fahrersitz blickt in den Außenspiegel. Wenn es das Kind im Spiegel sehen kann, ruft es laut: „Ich sehe dich!“

2 Das Kind neben dem Auto geht langsam weiter. Es ist jetzt fast an der Mitte des Wagens. Das Kind im Auto schaut in den Außenspiegel. Sobald es das andere Kind nicht mehr im Spiegel sehen kann, ruft es laut: „Halt!“ Jetzt steht das Kind im Gefahrenbereich, im „toten Winkel“.

3 Nun wird der Bereich, in dem das Kind nicht im Außenspiegel zu sehen ist, mit Straßenkreide markiert.

4 Den „toten Winkel“ kann man auch auf der linken Seite einzeichnen.

Stichwortverzeichnis

KLEEBLATT • Bayern

Das Heimat- und Sachbuch
Jahrgangsstufe 4

Bearbeitet von
Roland Blaufelder · Gabi Böhm · Lothar Brey · Doris Huber · Rolf Kimberger · Christina Knaup · Ralph Kröner · Alfons Miethaner · Anneliese Pollak · Christa Weinzierl

Beratung:
Leonhard Blaum

Illustrationen:
Klaus Bliesener · Anne Ebert · Heike Heimrich · Burkhard Kracke · Birgitta Nicolas · Bärbel Schneider-Rank

Umschlaggestaltung:
Angelika Çıtak

Fotonachweis:

S. 7, M. Fabian, Hannover; S. 13, Studio Schmidt-Lohmann, Hannover; S. 20, R. Blaufelder, Wilhelmsdorf; S. 28/29 terre des hommes; S. 28 u.r., Schroedel-Archiv; S. 34 o.l., AKG, Berlin; S. 34 o.r., AKG, Berlin; S. 34 u.l., dpa/M. Jung; S. 34 u.r., dpa/Ugarte; S. 39 u.l. (Fichte 2x), E. Philipp, Berlin; S. 39 u.r. (Statue 2x), Landschaftsverband Westfalen-Lippe; S. 40, F. Tönnies, Laatzen; S. 40 u. Mitte, Silvestris/S. Rausch; S. 42 o.l., M. Fabian, Hannover; S. 42 o.r., M. Fabian, Hannover; S. 48/49, F. Tönnies, Laatzen; S. 49 u.l., Silvestris/Brockhaus; S. 49 u. Mitte, Reinhard-Tierfoto, Heiligkreuzsteinach; S. 49 u.r., Reinhard-Tierfoto, Heiligkreuzsteinach; S. 50 o.l., A. Teiwes, Stuttgart; S. 50 o.r., F. Tönnies, Laatzen; S. 50 u., A. Teiwes, Stuttgart; S. 51 o.r., F. Tönnies, Laatzen; S. 52 u., Förderverein Bachpatenschaften, Freiburg; S. 53 Mitte l., Silvestris/W. Willner; S. 53 u.r., F. Tönnies, Laatzen; S. 61, Berliner Wasserbetriebe, Berlin; S. 62 u.l., Bayer. Landesamt f. Denkmalpflege, F. Leja, Nürnberg; S. 62 u.r., R. Kimberger, Fürth; S. 63 u.l., R. Kimberger, Fürth; S. 63 u.r., R. Kimberger, Fürth/Städtisches Museum Zirndorf; S. 65 o.r., MM-Vision GmbH/Matthias Michel, Andechs; S. 65 Mitte r., Archäolog. Staatssammlung, Museum für Vor- und Frühgeschichte, München; S. 65 u.r., MM-Vision GmbH/Matthias Michel, Andechs; S. 66, Stadtarchiv Fürth, Fürth; S. 68 o., DB Museum Verkehrsmuseum Nürnberg Deutsche Bahn AG, Nürnberg; S. 68 Mitte, P. Güttler, Berlin; S. 69, H. Feuerlein, Erlbach; S. 70, Imperial War Museum, London; S. 71, R. Kimberger, Fürth; S. 73 Mitte u.u., P. Güttler, Berlin; S. 74, M. Fabian, Hannover; S. 75, P. Güttler, Berlin; S. 76, Schroedel-Archiv; S. 77, P. Güttler, Berlin; S. 78/79, Schroedel-Archiv; S. 80/81, Schroedel-Archiv; S. 82/83, P. Güttler, Berlin; S. 84 o., Europa Farbbildarchiv W. Klammet/J. Beck, Ohlstadt; S. 84 Mitte, P. Güttler, Berlin; S. 84 u.r., Deutsche Bahn AG, Berlin; S. 85 u.l., P. Güttler, Berlin; S. 86 Mitte l., Franz Kleine Agrartechnik GmbH, Salzkotten; S. 86 Mitte r., Claas, Harsewinkel; S. 87 o.r., Schroedel-Archiv; S. 87 u.l., B. Junge, Hannover; S. 91 o., Keßler & Co., Leipzig; S. 91 Mitte l. und r., Glockengießerei Perner, Passau; S. 94 o.l., Schroedel-Archiv; S. 94 Mitte (4 Fotos), Verband der deutschen Fruchtsaft-Industrie e.V. (VDF); S. 95 o.r., R. Kröner, Zirndorf; S. 95 Mitte l., Becker's Bester, Lütgenrode; S. 95 Mitte r., R. Kröner, Zirndorf; S. 95 Mitte r., eingesetzt, Verband der deutschen Fruchtsaft-Industrie e.V. (VDF); S. 96 Mitte l., Becker's Bester, Lütgenrode; S. 96 Mitte r., Verband der deutschen Fruchtsaft-Industrie e.V. (VDF); S. 97, Verband der deutschen Fruchtsaft-Industrie e.V. (VDF); S. 97 o.r., ALCOA Deutschland GmbH Verpackungswerke, Worms/Studio Schmidt-Lohmann, Hannover; S. 98 Mitte l., Becker's Bester, Lütgenrode; S. 98 o.r., Studio Schmidt-Lohmann, Hannover; S. 98 Mitte r., Verband der deutschen Fruchtsaft-Industrie e.V. (VDF); S. 98 u.l., Studio Schmidt-Lohmann, Hannover; S. 99 o.l., Studio Schmidt-Lohmann, Hannover; S. 99 u.l., Becker's Bester, Lütgenrode; S. 100 u.l., M. Fabian, Hannover; S. 104 u.l. und u.r., Studio Schmidt-Lohmann, Hannover; S. 105 u.l. und u.r., Studio Schmidt-Lohmann, Hannover; S. 106 o.l. und o.r., Studio Schmidt- Lohmann, Hannover; S. 109 u.r., Studio Schmidt-Lohmann, Hannover; S. 110, Studio Schmidt-Lohmann, Hannover; S. 115, M. Fabian, Hannover; S. 116, Studio Schmidt-Lohmann, Hannover; S. 117 o.l. und o.r., Studio Schmidt-Lohmann, Hannover; S. 117 Mitte und u., M. Fabian, Hannover

ISBN 3-507-**46897**-2

Druck A 5 4 3 2 1 / 2007 06 05 04 03

Alle Drucke der Serie A sind im Unterricht parallel verwendbar,
da bis auf die Behebung von Druckfehlern untereinander unverändert.

Gedruckt auf Papier, das nicht mit Chlor gebleicht wurde.
Bei der Produktion entstehen keine chlorkohlenwasserstoffhaltigen Abwässer.

Satz und Reproduktion: Schmiku Repro, Schwerte
Herstellung: klr, Lengerich